话说生肖文化

HUASHUOSHENGXIAOWENHUA

郑军 徐丽慧 ◎ 编著

金盾出版社

内容提要

生肖文化是中华文明最朴素的人文社会科学成果之一，生肖图案则是由生肖文化体系中派生出来的一种吉祥符号。本书从生肖文化的背景谈起，对与生肖有关的图腾崇拜、民俗、传说故事及装饰特点等进行论述，结合十二生肖的装饰造型等分别加以介绍。书中论述及图片虽然选材不一，风格多样，却无不透露出自古至今人们热爱自然、热爱生命的真实情感。本书不仅文字内容丰富详实，更有历代生肖图案1 000余幅，是目前国内资料比较完整的一部作品，适合不同类型的人士参考借鉴。

图书在版编目(CIP)数据

话说生肖文化/郑军，徐丽慧编著．—北京：金盾出版社，2019.2
ISBN 978-7-5186-0668-9

Ⅰ.①话…　Ⅱ.①郑…②徐…　Ⅲ.①十二生肖—文化　Ⅳ.①K892.21

中国版本图书馆CIP数据核字(2015)第283439号

金盾出版社出版、总发行
北京太平路5号(地铁万寿路站往南)
邮政编码：100036　电话：68214039　83219215
传真：68276683　网址：www.jdcbs.cn
双峰印刷装订有限公司印刷、装订
各地新华书店经销
开本：787×1092 1/16　印张：16　字数：399千字
2019年2月第1版第1次印刷
印数：1～5 000册　定价：49.00元

前　言

中国传统艺术形象凝聚着中华民族悠悠数千载的民族精神和生存智慧，承载着独立于世界传统文化之林的审美理念和艺术品格，呈现出兼容并蓄的艺术表现风格，也是中国艺术发展的重要基础。

对于传统艺术的承继，最为直观的莫过于传摹临写的形象再现。独特的艺术品格蕴含于线条的起转承合，蕴含于色彩的斑斓交织，蕴含于形态的万般流变。更为丰富的寓意和哲思透过形象的千姿百态，展现着中华民族得天地之道；始终浸润于细胞之中的审美思想和人生感悟，也使我们感受到一个民族兼容并蓄的艺术包容力和生生不息的艺术生命活力。

在当今视觉快餐风行，感官快感充斥的艺术天地中，静下心来细细品味古人对于形态把握的精妙之处，感知附着于艺术形象之中的“物我两忘”和“天人合一”的境界，体会人与自然、人与人之间的哲学思考，以及人对自身生命的感悟，从而获得一份直入内心而“澄怀味象”的感动；获得一份对浩淼天地间各种生命的敬意；获得一份对锤炼千百年而源流至今的艺术形象溘然共鸣的会心。这是一种多么难得的精神升华和启示。

一步一步坚定地走过，从装饰纹样的临摹传写，到品类艺术形象的梳理、归纳，进而对其产生的背景、意义、演变过程以及艺术特色的总结，逐步深入而深刻的研究，是编者的追求。似乎来不及去理会世间过多的喧嚣，每天定量的伏案计划，十几年如一日的孜孜探索，成就了编者一份淡泊而笃定的执着。面对中国传统艺术数千年的丰富积累，编者感到要做的事情还有很多很多。传承者的使命和责任，如同编者无法放弃的人生理想，就这样如影随形……

编著者

目　录

第一章　生肖概说　/　(1)

一、概述　/　(2)
二、生肖溯源　/　(4)
三、《山海经》中的生肖　/　(11)
四、生肖与图腾崇拜　/　(24)
五、生肖与民俗　/　(43)
六、生肖与故事传说　/　(63)
七、生肖与艺术　/　(82)
八、生肖的装饰特点　/　(105)

第二章　生肖造型鉴赏　/　(118)

一、鼠的造型　/　(119)
二、牛的造型　/　(123)
三、虎的造型　/　(140)
四、兔的造型　/　(161)
五、龙的造型　/　(168)
六、蛇的造型　/　(187)
七、马的造型　/　(190)
八、羊的造型　/　(207)
九、猴的造型　/　(213)
十、鸡的造型　/　(217)
十一、狗的造型　/　(222)
十二、猪的造型　/　(226)
十三、生肖造型全图　/　(231)

参考文献　/　(249)

第一章

生肖概说

一、概 述

文学、艺术，如神话、民间故事、歌谣、戏曲、民间绘画、雕刻、建筑、手工艺术，都充分地反映出一种极其丰厚深邃的民俗现象。在多民族国家的大家庭中，整体观察民俗现象的范围，就物质生活、精神生活、社会生活，以及文化的诸多表现而言，民俗现象远远超出了这个界限。其中，十二生肖便是这一现象的体现。

在民俗文化中，民间艺术都不同程度地蕴含着审美因素。因此，从美学、艺术学的角度加以考察和研究是一项很有意义的工作。

十二生肖是干支纪年演化出来的一种特殊的动物纪年方法，盛行于民间。老老少少的中国人都知道自己的“属相”。属相就是十二生肖，十二种动物。属鼠或属牛，或属别的，如虎、兔、龙、蛇、马、羊、猴、鸡、狗、猪。如果说属这十二种以外的什么动物，那就是玩笑话了。

十二生肖是鼠、牛、虎、兔、龙、蛇、马、羊、猴、鸡、狗、猪十二种动物（图 1）。中国古术数以这十二种动物与十二地支（子、丑、寅、卯、辰、巳、午、未、申、酉、戌、亥）相配，称生肖。即子鼠、丑牛、寅虎、卯兔、辰龙、巳蛇、午马、未羊、申猴、酉鸡、戌狗、亥猪。十二生肖的排列次序固定，不得前后变动。我国古代纪年、纪日，均以十二生肖与十天干（甲、乙、丙、丁、戊、己、庚、辛、壬、癸）组合排列，如甲子、乙丑、丙寅、丁卯直至癸亥，共六十组，这样周而复始，以为纪年、纪日之序。

图 1 十二生肖 陕西西安出土的唐代陶俑

我国是一个多民族国家，民众智敏勤劳，乐于创造、善于创造。十二生肖形象纪年法是长时间积累的传统经验，以绘画雕刻艺术形象表达出丰厚的文化内涵，具有审美价值。此外，还有瑞兽麒麟、龙、凤等众多雄奇华美的形象创造，展示了中国人的神奇想象力。民间技艺的传承者之间，甚至有“愁龙、哭凤、笑狮子”的口诀。一“愁”一“哭”一“笑”，可以说是民间艺术龙、凤、狮形象表现的艺术创作法则性的提示。因此，创造性劳动的价值在于琢磨那些受宠爱的动物习性，给予艺术加工，使之理想化，或者让它笼罩上一层神秘诡谲的色彩。相比较而言，民间十二生肖的艺术形象长留人间，有着人性化的亲和力量。（图 2）

图 2 猴王 河南浚县泥玩具

十二生肖，对每个中国人来说，是极为熟悉和亲近的，它既神秘又伴随我们终生。所谓生肖，“生”指出生年，“肖”是相似的意思。以十二生肖纪年，表示干支相配的某一年，同时用来表述人们出生的年份，并将人的出生时间与代表该年份的动物相联系。有时，一些民间术士也用它用来预测人的行为、性格及人生运程。

中国人自古崇尚天人合一的天地理念，天地与我并生，万物与我为一，人与自然界万物都具有天然的联系，所以认为人一出生就像某种动物。然而，由于中国是一个多民族的国家，许多少数民族在使用十二生肖纪年时，与汉民族又有所不同，他们根据自己的生存环境，以及该环境中的生存物种，选择了最亲近的动物作为生肖动物，从而给生肖文化带来了一定的差异。

例如，云南傣族选择的十二种动物是鼠、黄牛、虎、兔、大蛇（蛟）、蛇、马、山羊、猴、鸡、狗、象。桂西彝族选择的十二种动物是龙、凤、马、蚁、人、鸡、狗、猪、雀、牛、虎、蛇。哀牢山彝族选择的十二种动物是虎、兔、穿山甲、蛇、马、羊、猴、鸡、狗、猪、鼠、牛。川滇黔彝族选择的十二种动物是鼠、牛、虎、兔、龙、蛇、马、羊、猴、鸡、狗、猪。海南黎族选择的十二种动物是鸡、狗、猪、鼠、牛、虫、兔、龙、蛇、马、羊、猴。蒙古族选择的十二种动物是虎、兔、龙、蛇、马、羊、猴、鸡、狗、猪、鼠、牛。柯尔克孜族选择的十二种动物是鼠、牛、虎、兔、鱼、蛇、马、羊、狐狸、鸡、狗、猪。广西壮族选择的十二种动物是鼠、牛、虎、兔、龙、蛇、马、羊、猴、鸡、狗、猪。从中可以看出，许多少数民族如蒙古族、壮族及部分彝族的生肖动物与汉族基本一致，但有些民族的生肖动物又具有自己本民族的特点。（图 3）

生肖文化是一种文化现象，不仅中国有，其他国家也有。例如，希腊的十二生肖是牡牛、山羊、狮子、驴、蟹、蛇、犬、鼠、鳄、红鹤、猿、鹰。埃及与希腊相似，只是将鼠换成了猫。

印度与中国的生肖相似，是鼠、牛、狮子、兔、龙、毒蛇、马、羊、猕猴、鸡、犬、猪。

总之，十二生肖是一种有趣的民俗文化现象，在民间民俗艺术领域里，形象地阐释了久远而又亲近的一些知识的重要意义。它寄托着人们祈福纳祥的美好愿望，为民众的生活增添了无穷乐趣，而不同地域的风俗习惯也因生肖文化的浸染变得更加纷繁多姿。（图 4）

图 3 东巴族象形文字

图 4 十二生肖 隋朝铜镜

二、生肖溯源

辉煌的文化艺术史实值得珍视，艺术创造的成功经验值得汲取。探寻十二生肖的起源，是为了记录民族文化艺术的光辉业绩，以使其流传后世，同时也使这特有的文化符号发扬光大。

十二生肖源于何时，今已难于细考。清代嘉庆年间的进士梁章钜在《浪迹续谈·十二属》中说："十二辰各有所属，其说始于《论衡·物势》言其十一，所缺惟龙，而《论衡·言毒》有'辰为龙，巳为蛇'二语，合之今说，已无参差，而统谓之曰禽。"又说："《北史》宇文护母贻护书曰：'昔在武川镇生汝兄弟，大者属鼠，次者属兔，汝身属蛇。'梁·沈炯有《十二属诗》，属之称当在此时。"

长期以来，不少人将《论衡》视为最早记载十二生肖的文献，可作为今天分析研究的史料。《论衡》是东汉唯物主义思想家王充的名著。其中《论衡·物势》载："寅，木也，其禽虎也；戌，土也，其禽犬也；丑未，亦土也，丑禽牛，未禽羊也，故犬与牛羊为虎服也；亥，水也，其禽豕也；巳，火也，其禽蛇也；子，亦水也，其禽鼠也；午，亦火也，其禽马也；水胜火，故豕食蛇；火为水所害，故马食鼠屎而腹胀。"又说："午马也，子鼠也，酉鸡也，卯兔也，水胜火，鼠何不逐马？金胜木，鸡何不啄兔？亥豕也，未羊也，丑牛也。土胜水，牛羊何不杀豕？巳蛇也，申猴也。火胜金，蛇何不食猕猴？"以上引文，只有十一种动物，所缺者为龙。该书《言毒》又说："辰为龙，巳为蛇，辰、巳之位在东南。"这样，十二生肖便齐全了，十二地支与生肖的配属如此完整，且与现今相同，这段记载在现有文献中属较早和齐备的。

较早的文字资料还见于《诗经》，即《小雅·吉日》所说："吉日庚午，既差我马。"又《礼记·月令·季冬》也说："出土牛，以送寒气。"所以，《诗经》等文献中也保留着关于生肖的零散资料。

目前，这种多在汉族地区流行的十二属相，其排列顺序多会令人产生一种疑问，即生肖为何数十二？为什么排在首位的是小小的"鼠"？为什么不选能腾云驾雾的龙？为什么不挑百兽之王老虎？

《周礼·春官·冯相氏》载："掌十有二岁，十有二月，十有二辰，十日，二十八星之位，辨其叙事，以会天位。"时间的分割以十二累进，一纪十二年，一年十二个月，一日十二时辰。《国语·晋语四》载："黄帝之子二十五宗，其得姓者十四人，为十二姓。"甚至天子妻妾也有"十二女"之说，《后汉书·荀爽传》："故天子娶十二女，天之数也；诸侯以下各有等差，事之降也。"

古乐有十二律。元代杂剧分类，为神仙道化、披袍秉笏、风花雪月、悲欢离合等十二科。宋代张敏叔选十二种花卉，称"十二客"，如梅为清客、菊为寿客、莲为静客等。中医讲究手三阴三阳、足三阴三阳十二经脉，将人体器官分为十二藏，又将人体十二部位称为十二属。诸如此类，不胜枚举。

近年，在神农架地区发现了汉族创世史诗《黑暗传》。其中，有一个讲述干支来历的故事："开天辟地之初，玄黄骑着混沌兽遨游，遇到女娲身边有两个肉包，大肉包里有十个男子，小肉包里有十二个女子。玄黄念咒语，一声巨响，两个肉包裂开。十男十二女跳出来。玄黄说，这是天干地支神，来治理乾坤的。于是，为他们分别取名，婚配，组成阴阳。男的统称天干，女的则为地支。”这一创世神话故事，讲干支，讲玄黄神、女娲神，讲乾坤阴阳，将干支的“身世”推溯得十分久远。

天乾地坤，古代历来以天为主、以地为从。十天干又叫十母，对应的十二地支则别称十二子。汉代蔡邕《月令章句》：“大桡采五行之情，占斗纲所建，于是始作甲乙以名日，谓之干；作子丑以名月，谓之支。干支相配，以成六旬。”大桡是黄帝时代的大臣，这里的配成六旬，即六十甲子，取了天干十和地支十二的最小公倍数。干与支按顺序相配合，由甲子、乙丑一直排至癸亥为第六十对，正好干、支均用最末一位，再排是重由甲子开始，这一循环称为一个甲子。其中，每个天干出现六次，每个地支出现五次。

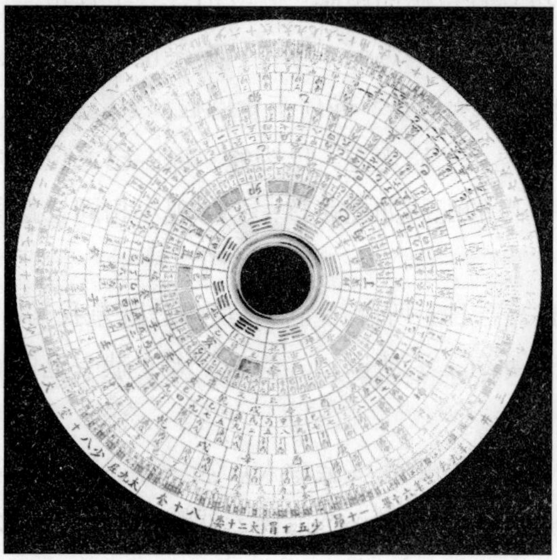

图5 八卦十二生辰图

十二生肖的产生，有着天文学的背景。在原始时代，先民们体验着寒暑交替的循环往复。宋代洪皓《松漠纪闻》载：“女真旧绝小，正朔所不及，其民皆不知纪年，问则曰‘我见青草几度矣’，盖以草一青为一岁也。”宋代孟珙《蒙鞑备录》载：“其俗每草青为一岁，有人问其岁，则曰几草矣。”后又有观天者发现月亮盈亏周期可以用来丈量岁的长短，发现十二次（闰年为十三次）月圆为一岁。这一发现，是初期历法最重要的成果之一，“十二”便被视为传达天意的“天之大数”。天干需地支为伴，日月相对，天地相对，就非“十二”莫属了。（图5）

子鼠丑牛……戌狗亥猪。天下动物很多，古人为何选择了这十二种动物为属相？

清代刘献廷《广阳杂记》引李长卿《松霞馆赘言》：“子何以属鼠也？曰，天开于子，不耗则其气不开。鼠，耗虫也。于是夜尚未央，正鼠得令之候，故子属鼠。地辟于丑，而牛则开地之物也，故丑属牛。人生于寅，有生则有杀。杀人者，虎也。又，寅者，畏也。可畏莫若虎，故寅属虎。卯者，日出之候。日本离体，而中含太阴玉兔之精，故卯属兔。辰者，三月之卦，正群龙行雨之时，故辰属龙。巳者，四月之卦，于时草茂，而蛇得其所。又，巳时蛇不上道，故属蛇。午者，阳极而一阴甫生。马者，至健而不离地，阴类也，故午属马。羊啮未时之草而茁，故未属羊。申时，日落而猿啼，且伸臂也，譬之气数，将乱则狂作横行，故申属猴。酉者，月出之时，月本坎体，而中含太阳金之精，故酉属鸡。戌时方夜，而犬则司夜之物也，故戌属犬。亥者，天地混沌之时，如百果含生意于核中，猪则饮食之外无一所知，故亥属猪。”（图6）

意思是说，鼠，时近半夜之际出来活动，将天地间的混沌状态咬出缝隙，是鼠的功劳，所以子属鼠。天开之后，就要辟地，而牛耕田，该是辟地之物，所以丑属牛。人多出生于寅时，而置人于死地的兽类当数虎，所以寅属虎无异。清晨卯时，卯为日出之象，一般指早晨五时到七时这段时间，太阳本应离卦，离卦象火，内中所含阴爻，即月亮之精玉兔，这样，卯便属兔了。辰，三月的卦象，此时正是群龙行雨时节，辰便属龙了。巳，四月的卦象，此时草木吐绿，正是蛇出洞之时，因此，巳属蛇。午，是白天十一时到一时，此时阳气达到极端，阴气已开始萌生，马的四蹄腾空，但又不时踏地，腾空为阳，踏地为阴，马在阴阳之间驰骋，自然午就属马了。羊，在午后吃草容易上膘，下午一时到三时未时，故未属羊。下午三时到五时，为申时，是日近西山猿猴啼叫的时辰，并且此时喜欢伸臂跳跃，故而猴配申。下午五时到七时，是月亮出现之时，月亮属水，应为坎卦，因此，酉属鸡。夜幕降临，其为戌时，狗是守夜的家畜，因此，戌配狗。晚上九时到十一时为亥时，此时天地间又沉浸在一片混沌之中，猪是只知道吃的混混沌沌的动物，因此，猪成了亥的属相。

图 6 四神十二生肖图 隋唐铜镜

另一种说法，十二生肖的选用与排列，是根据动物每天的活动时间确定的。我国至迟从汉代开始，便采用十二地支记录一天的十二个时辰。每个时辰相当于两小时，夜晚十一时到凌晨一时是子时，此时老鼠最为活跃。于是，子时便与老鼠联系起来，成了“子鼠”。

“马无夜草不肥”，牛当然也是如此。汉族地区的农家多用牛来耕田，所以喂好牛是农家的大事。丑时，农夫自会起身来喂牛，以使其长得膘肥体壮。于是，牛与丑时便联系在了一起，成了“丑牛”。

三时到五时是寅时，此时昼伏夜行的虎最为活跃，人们常会在此时听到虎啸声，这时的老虎正在到处游荡觅食。于是，寅时与虎相联系，成为“寅虎”。

五时到七时为卯时，这时天刚发亮，太阳尚未升起，有时月亮还挂在天上。兔子在这时出窝，它要吃那些还带着露水的青草。对此，人们印象深刻，便将此时与兔相联系，成了“卯兔”。

上午七时到九时为辰时，这时天空容易起雾，正是神龙行雨的好时光，并且大雾之中才会“神龙见首不见尾”。其实谁也没有真正见过龙，只有在大雾弥漫时人们才会产生幻觉，才更容易发挥想象。因此，龙便与辰时发生了联系，成了“辰龙”。

九时到十一时，大雾开始散去，太阳暖融融地照耀着大地，此时体温不恒定的蛇类开始从洞穴中爬出来。蛇最活跃的时刻，这个时刻便是巳时。甚至古人在造字的时候也没有忘记这一时刻，将“巳”字画作蛇的形象，以提醒人们加以注意。于是，巳时与蛇相联系，成了“巳蛇”。

上午十一时至下午一时，阳气正盛，为午时，正是天马行空的时候。又因为马在没有驯服之前，其性子是用“烈”字来形容的，它的性子就像午时的太阳一样火烈。于是，马与午相联系，成了“午马”。

下午一时至三时是未时，正是羊吃草的时候，此时喂羊，羊会长得更壮，羊又肥又壮，人们才会有好日子过，因此羊与人的关系极为密切。于是，羊与未相联系，成了“未羊”。

下午三时到五时，太阳偏西，天气开始清爽起来，这时的猴子最喜欢啼叫也最活跃。于是，人们将申时与猴子相联系，便有了“申猴”。

下午五时到七时为酉时，此时夜幕降临，鸡开始归窝。由于鸡是重要的家禽，农户都有饲养，如果天黑鸡还不回窝，人们便会四处寻找，以防被黄鼠狼叼走。于是，酉时便和鸡联系在一起，成了“酉鸡”。

晚上七时到九时为戌时，人们开始巡护自己的住所。此时，狗开始守夜看护宅院，如果发现情况，便会及时吼叫。人们感念它，便把此时给了它。于是，有了“戌狗”。“戌狗”也提醒人们，此时此刻千万不可丧失警惕。

晚上九时到十一时为亥时，此时万籁俱寂，猪正在鼾睡。因为猪是与富足的生活联系在一起的，于是，有了“亥猪”。

就这样，一天十二个时辰便排列起来，并被运用到十二属相上。（图 7）

关于十二生肖的排列，还有各种传说故事。其中一种是说：轩辕黄帝要选十二个动物担任宫廷侍卫，猫托老鼠报名，老鼠给忘了，结果猫没选上，从此跟老鼠结成冤家。大象也来报名，被老鼠钻进鼻子，给赶跑了。剩下的动物，原本推牛为首，老鼠却蹿到牛背上，猪跟着起哄，这样老鼠排第一，猪排在末尾。虎和龙不服，被封为山中之王和海中之王，排在老鼠和牛的后面。兔子又不服，同龙赛跑，结果排在龙的前面。狗又不平，一气之下咬了兔子，为此被罚在倒数第二。蛇、马、羊、猴、鸡也经过一番较量，一一排定了位置，最后才形成了鼠、牛、虎、兔、龙、蛇、马、羊、猴、鸡、狗、猪的顺序。

图 7 生肖选仙图 清代河北武强年画

另一个故事讲：当年轩辕黄帝遴

选十二生肖，采用平等竞争，择优录取的办法。参赛的动物很多，各有特长，当时的牛跑起来四蹄生风，无可类比，眼看就要跑到终点，哪知老鼠偷骑在牛背上，关键时刻一跃而超前，窃取了第一名，牛只好屈居第二。其后依次为虎、兔、龙、蛇、马、羊、猴、鸡、狗、猪。轩辕黄帝尊重这一比赛结果，将十二支逐一分配给它们。（图 8）

图 8 亲事有成 清代安徽芜湖年画

我国少数民族纳西族的东巴经《十二生肖的来历》中是这样记录十二生肖的来历的：原来十二属相互相争执，谁都想当岁首，不愿当岁尾。于是“里布木马”便让它们去横渡美令思吉河，谁过得快谁就是岁首，依次排定。本来水牛过得快，但狡猾的老鼠咬住牛尾巴，水牛疼痛一甩尾巴，反而把老鼠最先甩到岸上，结果老鼠为岁首，然后依次到河岸上的是牛、虎、兔、龙、蛇、马、羊、猴、鸡、狗、猪。依照这个顺序，它们各占了自己的位置。

还有一种说法是，十二属相的顺序是按照十二种动物的足趾奇偶而参差排列的。宋代洪巽在《旸谷漫录》中记载：“子、寅、辰、午、申、戌俱阳，故取相属之奇数以为名，鼠、虎、龙、猴、狗皆五指而马单蹄也；丑、卯、巳、未、酉、亥俱阴，故取相数之偶数以为名，牛、羊、鸡、猪皆四爪，兔两爪，蛇两舌也。”据说牛是四趾，为偶，虎为五趾，为奇，故排在牛之后。以此类推：兔是四趾，为偶；龙是五爪，为奇，蛇无趾可视为偶；马是一趾，为奇；鸡是四趾，为偶；狗是五趾，为奇；猪是四趾，为偶。只有鼠特殊，其前足四趾为偶，后足五趾为奇，它奇、偶全占，没法安排，便排在了首位。（图 9）

有一种是根据中国古代的原始哲学思想，以周易卦象为据，来解释生肖的各自性质与方位时辰的恰当配合的。明代郎瑛在《七修类稿》中称：“子为阴，极幽暗隐晦，以鼠配之；午为阳，极显明刚健，以马配之；丑阴也，俯而慈爱生焉，牛有舐犊，故以配之；未阳也，仰而秉礼行焉，羊有跪乳，故以配之；寅为三阳，阳则胜暴，配以虎；申为三阴，

图 9 十二生肖 清代云南南涧素纸雕刻

阴胜则黠，配以猴；日生东而有西，酉之鸡；月生西而有东，卯之兔，此阴阳交感之义，故卯酉为日月之私门，辰巳阳起而动作，龙为盛，蛇次之，戌亥阴阳而潜寂，狗司夜，猪镇静，故各以配焉。”

总之，很难说十二属相绝对源于何时何处，座次的排定也绝非一朝一夕，也不是一代人所能完成的，它很可能是一种综合的因素，从多方面汲取营养，经多方面融会，受多方面影响而逐步形成的。它既有天体星宿文化的因素，又有道教文化的因素，更多的则是与人类的日常生活、社会生活有关。至于那些类似的传说、故事等，或似开心解闷的笑谈，或似贬恶扬善的寓言，趣味性强。最初未必就是一次提名十二种动物，也许只有四五种，也许曾有过超额的局面，后来经过优胜劣汰，定额定员并定位了，一直传至今日。所以，这种地支配动物的做法，肯定不会是人类祖先信手拈来的结果。（图 10）

图 10 十二生肖九宫纹 藏族图案

三、《山海经》中的生肖

《山海经》自古被人看作“奇书”，是现存保留古代神话资料最多的著作，堪称中国上古神话宝库。《山海经》约成书于4000年前，全书分《山经》和《海经》两大类，共18卷，约3.1万字。书中记录了各种奇形怪状、拥有超人神通的奇灵异兽，内容涉及地理、历史、植物、动物、矿物、医药、鬼神、祭祀、氏族部落等诸多方面。其中的生肖形象在漫长的历史演进中逐渐与历史、传说互相渗透融合，加上在民间口耳相传，其神话由一粒小小种子逐渐长成果实累累的参天巨树，成为具有时空穿透力的文化经典，极大地影响了中国古代生肖文化的发展。

《山海经》中也多处提到十二生肖中的动物，下面整理了一下，将带有神话色彩的十二种动物一一道来。

1.《山海经》中的鼠

《山海经》卷二《西次四经》载：“鸟鼠同穴之山，其上多白虎、白玉。”“鸟鼠同穴之山”又名青雀山、同穴山，属于陇西首阳县西南。鼠如家鼠而短尾，鸟似燕而黄色。穿地入数尺，鼠在内，鸟在外而共处。（图11）

图11 鸟鼠同穴 清代四川成或因绘图本

《山海经》卷三《北次三经》载：“天池之山，其上无草木，多文石。有兽焉，其状如兔而鼠首，以其背飞，其名曰飞鼠。”西晋文学家、训诂学家郭璞解释以其背飞，说的是用背上的毛来飞，飞则仰也。据《方言》记载，天启三年（1623年）十月，凤县有大鼠，肉翅无足，毛黄黑，丰尾若貂，首若兔，飞食黍粟，疑即这类飞鼠。（图12）

图 12 飞鼠 上海锦章图本

2.《山海经》中的牛

《山海经》卷一《南次三经》载："祷过之山，其下多兕。"兕是独角兽，似水牛，青色，一角，重千斤。《海内南经》也说："兕在舜葬东，湘水南，其状如牛，苍黑，一角。"兕为文德之兽，古代青铜器与画像石中常有表现，是力量与威猛的象征。（图 13）

《山海经》卷三《北山经》载："北岳之山，有兽焉，其状如牛而四角，人目，彘耳，其名曰诸怀，其音如鸣雁，是食人。"诸怀的样子像牛，却长着四只角，人的眼睛，猪的耳朵，叫声有如鸿雁，是集人、牛、猪、雁四形的特征于一身，食人畏兽。因此，郭璞在《图赞》中说："窫窳诸怀，是则害人。"（图 14）

图 13 兕 明代蒋应镐绘图本

图 14 诸怀 清代《禽虫典》

3.《山海经》中的虎

《山海经》卷二《西次四经》载：“孟山，其兽多白虎。”白虎是一种瑞兽，也是天之四灵之一。《淮南子·天文篇》：“西方金也，其神为太白，其兽白虎。”《瑞应图》也记载：“白虎者。仁而善，王者不暴则见。”白虎又是星名，是西方七宿（奎、娄、胃、昴、毕、觜、参）的总称，即西官白虎星座。（图 15）

图 15 白虎 清代汪绂图本

《山海经》卷五《中次二经》载：“又西二百里，曰蔓渠之山，其上多金玉，其下多竹箭。伊水出焉，而东流注入洛。有兽焉，其名曰马腹，其状人面虎身，其音如婴儿，是食人。”说的是再往西二百里，有座山叫蔓渠山，山上盛产金属矿物和玉石，山下多有小竹丛。伊水发源于此，向东流注到洛水。这里有一种野兽，名字叫马腹，样子是人的脸、老虎的身子，声音如婴儿啼哭，能吃人。民间称马腹为马虎，又称马肠。《事物绀珠》记：“马肠，人面虎身，音如婴儿。”《水经注·沔水》中称之为水虎，说水中有物，如三四岁婴儿，鳞甲如鲮鲤，膝头似虎，掌爪常没水中，若有人戏之，便杀人。（图 16）

图 16 马腹 明代蒋应镐绘图本

《山海经》卷八《海外北经》载："北海内有青兽焉，状如虎，名曰罗罗。"罗罗是虎状兽，古称青虎为罗罗。现如今，云南的彝族仍称虎为罗罗，信仰虎的彝族人自称罗罗人。（图 17）

图 17 罗罗 清代四川成或因绘图本

4.《山海经》中的兔

《山海经》卷十八《海内经》载："又有青兽如菟，名曰菌狗。"菌狗是兔状的青兽。《周书·王会篇》载《伊尹四方令》云："正南以菌鹤短狗为献。"疑即此物也。（图 18）

图 18 菌狗 清代《禽虫典》

5.《山海经》中的龙

《山海经》卷一《南山经》载："鹊山之首，自招摇之山，以致箕尾之山，凡十山，二千九百五十里，其神状皆鸟身而龙首。"说的是招摇山至箕尾山共十山的山神，名鹊神，都是鸟身龙首的形象。（图 19）

《山海经》卷一《南次二经》载："自柜山至于漆吴之山，凡十七七千二百里。其神状皆龙身而鸟首。"说的是自柜山至漆吴山共十七山，凡山神都是鸟首龙身神。（图 20）

图 19 鸟身龙首神 明代蒋应镐绘图本

图 20 龙身鸟首神 明代蒋应镐绘图本

《山海经》卷一《南次三经》载："自天虞之山以至南禺之山，凡一十四山，六千五百三十里。其神皆龙身而人面。"说的是自天虞山至南禺山共十四座山，其山神都是人面龙身的形象。（图 21）

图 21 龙身人面神 清代四川成或因绘图本

《山海经》卷五《中次八经》载："光山，其上多碧，其下多水。神计蒙处之，其状人身而龙首，恒游于漳渊，出入必有飘风暴雨。"郭璞《图赞》："计蒙龙首，独禀异表，升降风雨，茫茫渺渺。"说的是光山山神计蒙是个龙首人身的怪神，又是风雨之神，常在漳渊一带游玩，他出入时必伴有狂风暴雨。（图 22）

《山海经》卷六《海外南经》载："南方祝融，兽身人面，乘两龙。"郭璞《图赞》："祝融火神，云驾龙骖。气御朱明，正阳是含。作配炎帝，列位于南。"说的是南方的火神祝融，兽的身子，人的脸面，常骑乘着两条龙。乘龙的还有句芒。据《山海经》卷九《海外东经》载："东方句芒，鸟身人面，乘两龙。"句芒是古神话中的木神、春神、树木之神，又是生命之神。句芒神名重，是西方天帝少昊之子，后来却成为东方天地伏羲的辅佐。（图 23）

图 22 计蒙 明代蒋应镐绘图本

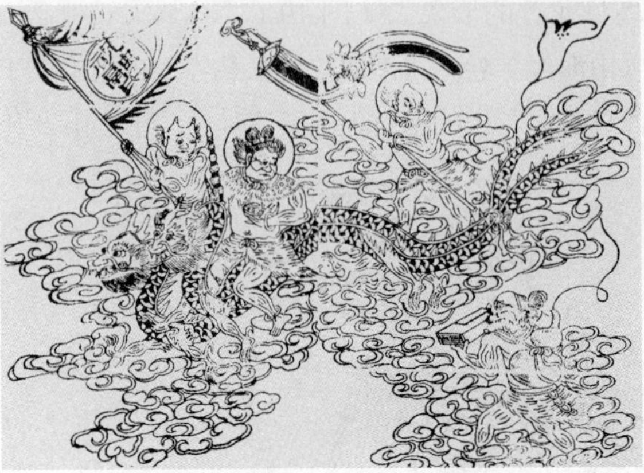

图 23 祝融 清代四川成或因绘图本

夏后开也是驾着双龙上下于天。据《山海经》卷十六《大荒西经》载："西南海之外，赤水之南，流沙之西，有人珥两青蛇，乘两龙，名曰夏后开。开上三嫔于天，得《九辩》与《九歌》以下。此天穆之野，高二千仞，开焉得始歌《九招》。"夏后开即夏后启，为避汉景帝（刘启）讳改。说的是夏后开耳朵上挂着两条青蛇，骑乘两条龙，多次上天做客，得到天乐《九辩》和《九歌》，下到凡间，在天穆之野演奏，这便是后来的乐舞《九招》。（图 24）

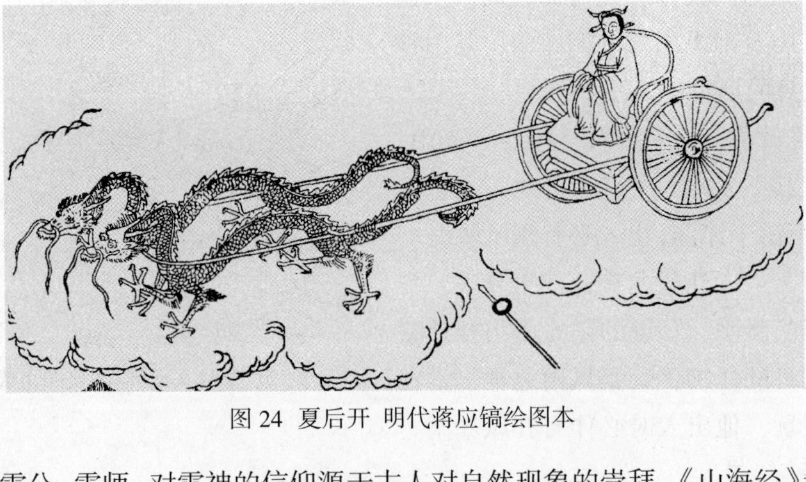

图 24 夏后开 明代蒋应镐绘图本

雷神又称雷公、雷师，对雷神的信仰源于古人对自然现象的崇拜。《山海经》卷十三《海内东经》载："雷泽中有雷神，龙身而人头，鼓其腹。"它传达给我们两个信息：其一，雷神发雷的方法是"鼓其腹"，这为以后神话的演绎如击"天鼓"提供了基础；其二，早在《山海经》编著的时代，雷神已经开始人格化了。历来雷神的外形在传说中变化不定，直到明清时期其形象才逐渐统一，最突出的是猴脸尖嘴，整个形象半人半鸟，十分怪异。我们目前所见到的《山海经》中的雷神图，还是人面龙身的古老形貌。（图 25）

《山海经》卷十四《大荒东经》载："大荒东北隅中，有山名曰凶犁土丘。应龙处南极，杀蚩尤与夸父，不得复上。故下数旱，旱而为应龙之状，乃得大雨。"龙中有翼者为应龙，在远古神话中，应龙是黄帝的神龙，擅长蓄水行雨，在黄帝与蚩尤的战争中，杀死了蚩尤与夸父，立下了赫赫战功。（图 26）

图 25 雷神 清代四川成或因绘图本

图 26 应龙 明代蒋应镐绘图本

6.《山海经》中的蛇

《山海经》卷一《南山经》载："又东三百八十里，曰猨翼之山，其中多怪兽，水多怪鱼，多白玉，多蝮虫，多怪蛇，多怪木，不可以上。"蝮虫，是毒蛇的一种，背部呈灰褐色或暗褐色，并具有黑褐色大斑纹，腹部黑色，杂有黄褐色或红褐色不规则斑纹，头部呈三角形，鼻上有针，颈细小，上颚两旁有一对管状毒牙，有剧毒。一名反鼻虫。屈原在《离骚·大招》的招魂词中，呼唤灵魂不要去炎火千里的南方，说那里有蝮蛇等可怕的动物。（图 27）

《山海经》卷三《北山经》载："北二百八十里，曰大咸之山，无草木，其下多玉。是山也，四方，不可以上。有蛇名曰长蛇，其毛如彘豪，其音如鼓柝。"说的是往北二百八十里，有座山叫大咸山，不长草木，山下盛产玉石。这座山是四方四楞的，难以攀登。这里有一种蛇叫长蛇，它的毛像猪毛，它的声音像敲梆子。（图 28）

《山海经》卷三《北山经》载："浑夕之山，无草木，多铜、玉。嚣水出焉，而西北流注于海。有蛇一首两身，名曰肥遗，见则其国大旱。"《山海经》所见肥遗蛇有两种：一是《西山经》太华山的肥遗，六足四翼，见则天下大旱；二是《北山经》浑夕山的肥遗，一首两身，见则其国大旱。商周时期青铜器上的肥遗纹为一头双身蛇状，即来自《山海经》。湖南长沙子弹库出土的战国楚帛书十二月神图上，作为四月标识的神祇肥遗就是一首双身蛇。（图 29）

图 27 腹虫 明代蒋应镐绘图本

图 28 长蛇 清代《禽虫典》

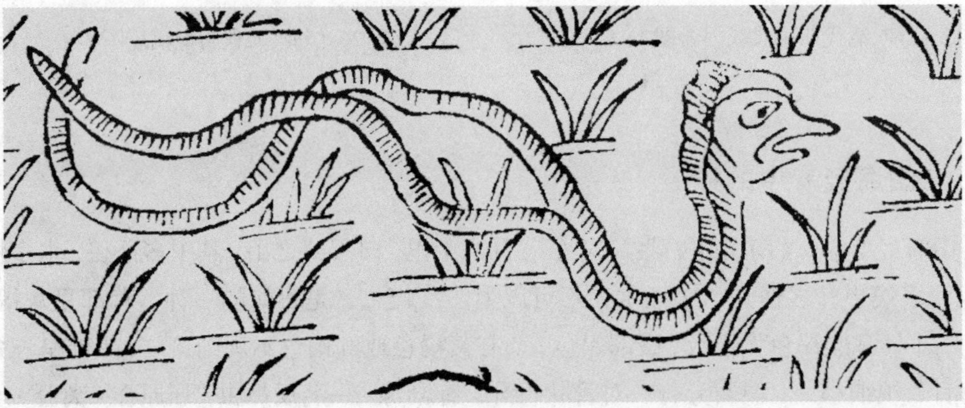

图 29 肥遗 清代四川成或因绘图本

《山海经》卷三《北次三经》载：“西望幽都之山，浴水出焉，是有大蛇，赤首白身，其音如牛，见则其邑大旱。”说的是幽都山上，有红头白身的大蛇，发出牛鸣般的叫声。大蛇是旱灾的征兆。

《山海经》卷五《中次二经》载：“又西三百里，曰鲜山，多金、玉，无草木。鲜水出焉，而北流注于伊水。其中多鸣蛇，其状如蛇而四翼，其音如磬，见则其邑大旱。”鸣蛇是灾蛇，是大旱的征兆。它的样子像蛇，却长着两对翅膀，其鸣声如磬般响亮。

《山海经》卷六《海内南经》载："巴蛇食象，三岁而出其骨。"战国时期，屈原在《天问》中也说："一蛇吞象，厥大何如？"这种巴蛇能吞象，可知其硕大无比。

《山海经》卷八《海外北经》载："共工之臣曰相柳氏，九首，以食于九山。相柳之所抵，厥为泽溪。禹杀相柳，其血腥，不可以树五谷种。禹厥之，三仞三沮，乃以为众帝之台。在昆仑之北，柔利之东。相柳者，九首人面，蛇身而青。不敢北射，畏共工之台。台在其东。台四方，隅有一蛇，虎色，首冲南方。"相柳是一个九头人面蛇身的怪物，蛇身黑色，盘绕而上。他贪婪成性，九个脑袋用来吃九座山上的食物，所经过的地方都会成为沼泽。泽中的水苦涩无比，人畜都无法生存。大禹在平息洪水以后，杀死了相柳。但相柳的血流向四方，腥臭难闻，五谷不生，万民涂炭。大禹想用土把血流堵塞住，多次填塞又多次坍塌。没办法，大禹索性把挖掘出来的泥土为诸帝修造了一座台子，名叫共工之台。台子四方形，四角各有一条虎斑纹的蛇，头向着南方，守卫在这里。（图 30）

图 30 相柳 明代蒋应镐绘图本

图 31 水马 明代胡文焕图本

7.《山海经》中的马

《山海经》卷三《北山经》载："求如之山，其中多水马，其状如马，文臂牛尾，其音如呼。"郭璞《图赞》："马实龙精，爰出水类。渥洼之骏，是灵是瑞。昔在夏后，亦有何驷。"水马被称为神马、龙精。水马似马，前腿上有斑纹，长着牛的尾巴，声音犹如人在呼叫。古书中所记水中得异马、神马等，都是水马。（图 31）

《山海经》卷十二《海内北经》载："犬戎国有文马，缟身朱鬣，目若黄金，名曰吉量，乘之寿千岁。"吉量是一种祥瑞吉光之兽，也称为吉良、吉黄、吉

图 32 吉量 明代蒋应镐绘图本

皇、鸡斯之乘，为马中精英。纯洁的马身，脖子上披着红色的鬣，有如鸡尾下垂，两只眼睛放射出金色的光芒，十分威武。据说，周文王时犬戎曾献此马，乘上吉良马的人可寿千岁。（图 32）

8.《山海经》中的羊

《山海经》卷二《西山经》载：“又西八十里，曰符禺之山，其阳多铜，其阴多铁。其上有木焉，名曰文茎，其实如枣，可以已聋。其草多条，其状如葵，而赤华黄实，如婴儿舌，食之使不惑。符禺之水出焉，而北流注于渭。其兽多葱聋，其状如羊而赤鬣。”葱聋是一种野羊，黑头，鬣毛赤色。《事物绀珠》也记载：“葱聋如羊，黑首赤鬣。”（图 33）

《山海经》卷二《西次三经》载：“昆仑之丘，有兽焉，其状如羊而四角，名曰土蝼，是食人。”土蝼是一种四角如羊的食人怪兽。

《山海经》卷四《东次三经》载：“自尸胡之山至于无皋之山，凡九山，六千九百里。其神状皆人身而羊角。是神也，见则风雨水为败。”说的是自尸胡山至无皋山共九座山，其山神都是半人半羊之状，称为人身羊角神。这是一位凶兆的山神，凡是它出现的地方，便风不调雨不顺，田禾荒芜。（图 34）

图 33 葱聋 清代四川成或因绘图本

图 34 人身羊角神 明代蒋应镐绘图本

9.《山海经》中的猴

《山海经》卷一《南山二经》载：“东南四百五十里，曰长右之山，无草木，多水。有兽焉，其状如禺而四耳，其名长右，其音如吟，见则其郡县大水。”长右是猴形水怪，是大水的征兆，其特征是猴状而四耳，吼叫声像人的呻吟声。郭璞《图赞》中也说：“长右四耳，厥状如猴。实为水祥，见则横流。”（图 35）

《山海经》卷五《中次九经》载：“鬲山，其兽多猨、蜼。”郭璞注：“蜼似猕猴，鼻露上向，尾四五尺，头有岐，苍黄色。雨则自悬树，以尾塞鼻孔，或以两指塞之。”（图 36）

图 35 长右 清代吴任臣近文堂图本

图 36 蜼 清代四川成或因绘图本

10.《山海经》中的鸡

鸡在《山海经》中无明显的说明，我们只能从其他鸟类中参考其形象。

《山海经》卷十六《大荒西经》载：“有五采之鸟，有冠，名曰狂鸟。”狂鸟又名狂梦鸟，五彩之鸟，属凤凰一类吉祥鸟。《尔雅·释鸟》载：“狂梦鸟，狂鸟，五色，有冠，见《山海经》。疏云：梦鸟，一名狂，五采之鸟也。”（图 37）

图 37 狂鸟 清代四川成或因绘图本

11.《山海经》中的狗

《山海经》卷二《西次三经》载：“阴山，有兽焉，其状如狸而白首，名曰天狗，其音如榴榴，可以御凶。”天狗的样子像狸，白脑袋，声音像猫叫，食蛇，是御凶辟邪、禳灾除害之兽。《事物绀珠》记：“天狗如狸，白首，音如猫，食蛇。”（图 38）

图 38 天狗 清代四川成或因绘图本

《山海经》卷四《东山经》载：“又南三百里，曰栒状之山，其上多金玉，其下多青碧石。有兽焉，其状如犬，六足，其名曰从从，其鸣自詨。”从从样子像狗，是六足吉兽，其叫声犹如呼唤自己的名字。《事物绀珠》也说：“从从如犬，六足，尾长丈余。”（图 39）

图 39 从从 明代蒋应镐绘图本

《山海经》卷十二《海内北经》载："其东有犬封国。犬封国曰犬戎国，状如犬。有一女子，方跪进杯食。"犬戎国即犬封国、狗国。据《伊尹四方令》记载，传说从前盘瓠杀戎王，高辛以美女妻之，并在会稽东海中，封地三百里，生男为狗，女为美人，这就是狗封国、犬封国，又称犬戎国。犬戎是皇帝的后裔，有关犬戎的记载，还见《大荒北经》："有人名曰犬戎。皇帝生苗龙，苗龙生融君，融君生弄明，弄明生白犬，白犬有牝牡，是为犬戎。"《大荒北经》又说："有犬戎国。有神，人面兽身，名曰犬戎。"（图 40）

图 40 犬戎国 清代四川成或因绘图本

12.《山海经》中的猪

《山海经》卷二《西山经》载："竹山，有兽焉，其状如豚而白毛，大如笄而黑端，名曰豪彘。"豪彘即豪猪、箭猪，样子像猪，其脚如狸，毛如尖锥，中有激矢，能振发以射人，是远古时代人畜禾稼的大害。《桂海兽志》记："山猪即豪猪，身有棘刺，能振发以射人。三二百为群，以害禾稼，州洞中甚苦之。"商周青铜器以及汉代画像石上有豪猪的装饰图案。（图 41）

图 41 豪彘 明代蒋应镐绘图本

《山海经》卷四《东次四经》载："钦山，有兽焉，其状如豚而有牙，其名曰当康，其鸣自叫，见则天下大穰。"说的是钦山有一种野兽，样子像小猪却长着獠牙。它的名字叫当康，鸣叫的声音就是在叫自己的名字，它一出现天下就会大丰收。《神异经》说："南方有兽，似鹿而豕首有牙，善依人求五谷，名无损之兽。"所说形状与此兽相近。（图 42）

图 42 当康 明代蒋应镐绘图本

四、生肖与图腾崇拜

将“图腾”一词引进我国的是清代学者严复，他于 1903 年译英国学者甄克思的《社会通诠》一书时，首次把“totem”一词译成“图腾”，成为中国学术界的通用译名。

严复在按语中指出，图腾是群体的标志，旨在区分群体。他还认为，中国古代也有与澳大利亚人和印第安人相似的图腾现象。他说：“古书称闽为蛇神，盘瓠犬种，诸此类说，皆以宗法之意，推言图腾，而蛮夷之俗，实亦有笃信图腾为其先者，十口相传，不知其自诞也。”

运用图腾解释神话、古典记载及民俗民风，往往可获得举一反三之功。那么，什么叫图腾？图腾就是原始人迷信某种动物或自然物同氏族有血缘关系，因而用来做本氏族的徽号或标志。

生活在原始氏族社会时代的人，常常将那些与之相关的动物、植物等当作自己氏族的徽号，以至成为这个氏族的图腾。因为原始人相信动物、植物或天然物同自己的氏族有着某种血缘关系，便用之做本氏族的标志或象征。英国的弗雷泽在《图腾与外婚制》中也说：“图腾是野蛮人出于迷信而加以崇拜的物质客体，他们深信在图腾与氏族的所有成员之间，存在着一种直接和完全特殊的关系。”

从图腾研究的角度去看十二生肖的起源及民俗，那些我们原以为神秘的事物也许就不再神秘。《列子・黄帝篇》说：“黄帝与炎帝战于阪泉之野，帅熊、罴、狼、狗、貙、虎为前驱，以雕、鹤、鹰、鸢为旗帜。”《史记・五帝本纪》也说：“教熊、罴、貔、貅、貙、虎以与炎帝战于阪泉之野。”从中我们可以看出，这支以各种动物为图腾的征伐大军，正是以黄帝为首的强大部族与众多小部族联合起来的力量，在最初争夺天下的时候，仍然

要借用动物的名义。这些熊、罴、貔、貅、貙、虎等，可能就是图腾氏族的名号。（图 43）

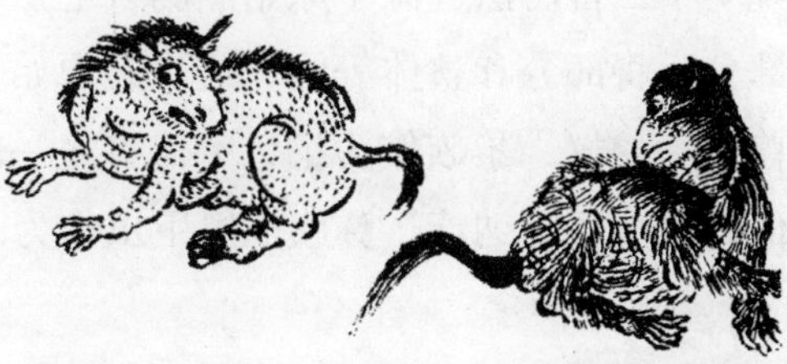

图 43 熊（左）、罴（右） 清代汪绂图本

有人认为，十二属相的由来可能是源于古氏族图腾，此说不无道理，但汉族中所流传的十二属相应不在此列。因为从时间上看，从汉代上溯到黄帝时代，其间有秦、战国、春秋、周、商、夏，再越舜、尧、帝喾、颛顼，长达几千年，这几千年的变化，图腾的遗迹几乎荡然无存，十二属相怎么又能依此而生呢？倒是有些少数民族至今还保留着原始图腾的遗迹。例如，彝族的十二属相纪日，有人认为起源于古代西羌族的图腾崇拜。据说当时形成部落联盟时，定下了某一天到虎图腾部落集会，另一天到蛇图腾部落集会，天长日久便形成了一种制度，这种依次固定下来的图腾纪日，便逐渐化作十二属相了。

上古驱四方鬼疫的大傩仪式中，就有了以小孩子装扮的十二兽，这十二兽不全是今天十二生肖中的动物，但十二兽必定对应着一年的十二个月或是方位的十二地支。《后汉书·礼仪志》是这样记述古代大傩仪式的："其仪，选中黄门子弟十岁以上，十二以下，百二十人为辰子，皆赤帻皂制，执大鼗，方相氏黄金四目，蒙熊皮，玄衣朱裳，执戈扬盾，十二兽有衣毛角，中黄门行之，冗从仆射将之，以逐恶鬼于禁中……因作方相，与十二兽舞。"

傩舞源于原始图腾舞蹈，其舞蹈偏偏选中十二兽，大概是照应一年十二个月份，以求月月平安，至少是为表示驱除四方疫鬼，用来照应十二方位的。在傩舞仪式上，120 名儿童作逐疫驱鬼的"侲子"，他们蒙红色头巾，着黑服装，每人手持一面拨浪鼓。大傩仪式的主角是方相氏和十二神兽。方相氏脸部遮以熊皮制作的面具，面具上有四只金黄色的大眼睛，威武可怖（这种面具曾在安阳殷墟古墓中出土，是商代傩舞的实物材料），着装为上身黑下身红。十二神兽的打扮个个头上长角，身上披毛皮。晚间，宫内文武官员排列两旁，方相氏和十二神兽手舞足蹈驱疫鬼。傩舞中的十二兽离不开子、丑、寅、卯，也就与十二生肖联系起来。（图 44）

图 44 方相氏 汉代画像石

民族学家刘尧汉（彝族）多年来深入少数民族地区调查研究，他认为十二兽历法起源于原始图腾。其观点是："十二兽历法起源于原始时代的图腾崇拜，是原始人在各种动物、植物、无生物、器物（如猪槽）、自然现象（如风、沙、雨、黑、光明、水等）作为图腾的当中，选择十二种作为纪日的名称。桂西彝族纪日十二兽中，把风作为一'兽'，这也

说明十二兽历法起源于原始图腾。毛道黎把肉作为十二兽之一，肉是动物整体上割下的一部分，将部分和整体等同，这也是原始性的一种反映。广西彝族和云南傣族作为纪日十二兽之一的蚁，黎族作为纪日十二兽之一的虫，巴比伦十二兽历中的蜣螂，都属于昆虫类，他们像滇西‘纳苏’彝族把黑甲虫作为图腾一样，都可能曾作图腾。”

1. 鼠图腾

“老鼠过街，人人喊打”这句俗语表明了人们对老鼠的憎恶。“鼠目寸光”“鼠窃狗盗”“首鼠两端”“鼠牙雀角”等成语及文辞中，更是对老鼠进行了贬义的诠释。然而，远古时代的不少氏族、部落却认为自己的始祖是老鼠，并为自己是老鼠的后代而自豪。他们描绘、雕刻老鼠的形象，在仪式或节日里隆祀厚祭，以祈求鼠祖先的保护。

据说古代西域有鼠王国，据《异苑》卷三载：“西域有鼠王国，鼠之大者如狗，中者如兔，小者如常。大鼠头悉已白，然带金环枷。商估有经过其国，不先祈祀者，则啮人衣裳也。”传说鼠在该国是有功劳的，所以人们感鼠厚恩，奉之为神，时节祀祭之。1900年，英国考古学家斯坦因在新疆丹丹乌里克的寺院遗址中发现了几块版面，画正中有一奇异的鼠头人身像，大概即是古代鼠王国的图腾神。

云南布朗山布朗族以竹鼠（专吃竹根和竹笋的鼠类，一般有四五十厘米长，五六斤重）代表祖先灵魂，不打不吃。后来，为了扩大食物范围，原来不吃具有父母魂魄附身的竹鼠的禁忌也慢慢地不再遵守了。不过，在捕食前要举行一定的仪式，以求得神灵的谅解。

在近现代民族的图腾文化中，还或多或少地保留了图腾文化的残余。例如，傈僳族的氏族图腾有虎、羊、鱼、蛇、鼠、鸟、猴、竹、麻、黑鼠、田鼠等二十多种，所保留的图腾文化元素主要有图腾名称、图腾神话和图腾禁忌。（图45）

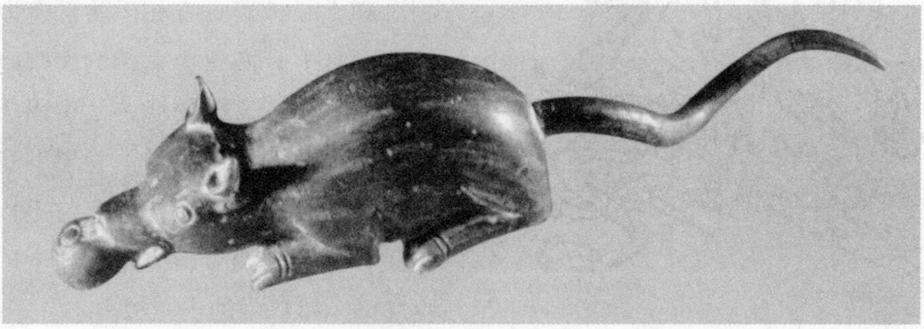

图45 鼠 汉代铜器

2. 牛图腾

把牛视为远古创世神兽的有纳西族。在纳西族《东巴经・创世纪》中，记述了这头在大海中巨卵里孵出的神牛，角顶破天，蹄踏破地，造成天摇地动，由纳西族人始祖开天七兄弟和开地七姊妹将它杀死，用牛头祭天，牛皮祭地，肉祭泥土，骨祭石头，肋祭山岳，血祭江河，肺祭太阳，肝祭月亮，肠祭道路，尾祭树木，毛祭花草。于是，便有了晴朗明亮的天空日月，才有了万物生长的清静世界。从此，牛才作为神圣物用来做祭圣物，用来做祭祀天地山川的牺牲供品。纳西族十分崇敬牛神。（图 46）

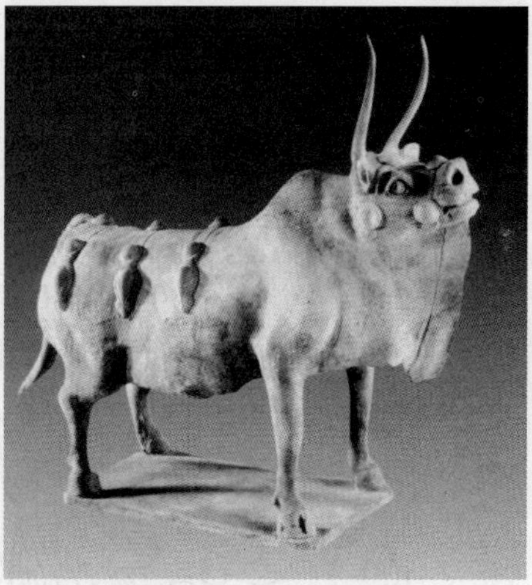
图 46 牛 北朝陶器

云南永宁纳西人举行二次葬时，要披挂牦牛尾巴跳舞。小凉山彝族在祭祖时，有男青年背上吊着牦牛尾巴，模仿牦牛的动作，边歌边舞，名曰牦牛尾巴舞。这种舞蹈应该与古羌人的牦牛图腾有关。唐代段成式在《酉阳杂俎》中说：柯尔克孜族先民“所生之窟，在曲曼山北，自谓上代有神，与牸（字牛）交于此窟”。时人为让牛负重，不宰杀，老死后不扒皮，且将其隆重安葬。今柯尔克孜族人的雕刻、器皿、花毡、花毯等图案中仍保留着“牛”图腾的形象。

牛是黎族的图腾之一，有些地区的黎族人家家户户都珍藏着一块被称为“牛魂”的宝石。每逢三、七、十这三个月，牛都要喝一种用“牛魂石”浸泡过的酒。灌牛喝酒时，牛主人便要持剑蹲在牛前念咒语，以祭告山鬼不要侵害牛，事后将牛赶进深山野牧。

3. 虎图腾

虎在《说文解字》中谓其为“山兽之君”，多用来象征勇武和神异镇邪之意。《风俗通义·祀典》载：“虎者阳物，百兽之长，能执搏挫锐，噬食鬼魅。”故祭虎以为神。

人们认为虎能“执搏挫锐，噬食鬼魅”，并将这种被扩大和神化了的威力赋予了虎的图像，成为守卫门户的神兽。虎不仅为人类食鬼，更增加了避邪镇宅、铲除毒虫的多种功能。其实，人类在更早的时候就将自己描写为虎的化身了。例如，《山海经》中的女神人西王母，就有着半人半虎的容貌。《西次三经》：“玉山，是西王母所居也。西王母其状如人，豹尾虎齿而善啸，蓬发戴胜，是司天之厉及五残。”《大荒西经》说昆仑丘上的西王母“人面、虎身、文尾……戴胜、虎齿、豹尾、穴处”。从中我们可以看出，西王母在大荒之西统治着的国都，肯定是以虎作为图腾标志的。《山海经》中所保留的西王母形象均为山神的虎颜豹尾的原始形象。（图 47、图 48）

虎被称为“百兽之王”，这不仅仅因为它的脑门上有“王”字的花纹，而是它的确有王者的威风，被原始氏族社会的人们作为图腾标志。黄帝在逐鹿中原时，曾率领“熊、罴、貅、貔、虎”等冲战，这熊、虎等应是熊、虎等图腾氏族。

图 47 西王母 明代蒋应镐绘图本

图 48 镇宅神虎 清代陕西凤翔瑞符印本

在当今的滇、川、黔、桂四省区中，生活着数百万彝族同胞，彝族对虎的图腾崇拜，据说继承了古羌戎文化。据学者研究，古羌族的前身是由云贵高原北上的，后又向西北、东北移进，分化成西戎东胡、北狄等。由此，云贵高原、四川盆地、青藏高原、天山南麓、黄土高原，都有古羌戎的分布。黄帝是率领着黄帝族、炎帝族和羌族部族（其中包括熊、虎等图腾氏族）与蚩尤作战的，最后形成了华夏民族。

彝族的虎图腾源于古羌戎文化。彝族称虎为“罗”，有些地区的彝族以“罗罗”为自身的族称，并且男人自称“罗罗颇”，女人自称“罗罗摩”（“颇”为雄性，“摩”为雌性）。

白族虎氏族认为其始祖为雄性白虎，他们相信自己进山遇虎，虎也不会伤害他们。当要出远门时，一定要选在属虎的那天（寅日），认为只有这样，做事才会吉祥如意。有的人从远方回来，也一定要算准日期，只有虎日才进门槛。（图 49、图 50）

图 49 白虎 云南白族纸马

哈尼族的虎图腾后来被尊崇为寨子的守护神，每个寨子的寨神树下方都盖有一间简易的竹瓦房，里面供奉着两只石虎。这两只石虎是一公一母，它们共同守护着村寨中人畜的安康。他们认为，“真正的老虎不咬人”，“老虎不咬吃饭人”。每年的正月要举行公祭。

古代巴人曾以虎为图腾。《北史·蛮獠传》载，西魏恭帝年间，“巴蜀西人谯淹扇动群蛮以附梁。蛮帅向镇侯、向白虎等应之”。在今日土家族传说中，说初到湘西永顺的老祖宗是两兄弟，一个叫铜老虎，一个叫铁老虎。

虎也是纳西族的图腾之一，其地名也有不少与虎有关。如：泸沽湖古称“剌踏海”或“剌踏湖”，意为“虎湖”；干木山古称“剌踏寨山”，意为“虎山”；“拉瓦村”意为“虎村”；“拉垮村”意为“虎爪子村”；“喇克”意为“虎肘”。纳西族摩梭人居住的“喇他丁”意为“虎王的地方”；“喇沽”意为“猛虎”；“喇巴基”意为“虎河”；“喇住窝”意为“群虎村”；“喇夺”意为“见虎山”；“喇丁古”意为“猛虎山”；“喇包鲁”意为“母虎分居之山”等。（图 51）

图 50 白虎之神 传世 · 云南白族纸马

图 51 虎纹 福建果模

4. 兔图腾

晋代傅玄在《拟天间》中说：“月中有何？玉兔捣药。”兔可以用来代称月亮。这传说的玉兔捣药，最初并非在月宫之中。汉代画像中经常出现的玉兔捣药，是与西王母神话在一起的。我们从玉兔捣药的画面中可以看出，玉兔捣药所用之“舀”，最原始的形态应是远古表示女性崇拜的“女阴石”，石捣锤则为“石祖”。

兔的生殖力很强，妊娠三十天即可生产，与“月”的时序规律相符。也有视兔为仙物的，《抱朴子》曰：“兔寿千岁，满五百岁则色白。”既为仙物，也就可以助人为仙。故道家认为，以兔入药，服后可与神仙沟通。于是，《抱朴子》又曰：“和安丹法，以兔血和丹与蜜，蒸之百日，服之，如梧子者二丸，一百日，有神女二人来侍，可役使也。”（图 52 至图 54）

图 52 兔纹 福建果模

图 53 兔纹 湖南长沙出土的西汉金箔贴花

图 54 兔纹 北京故宫御花园的清代砖雕

5. 龙图腾

龙，中国人灵魂深处永远的图腾。

中国的龙具有图腾的基本特征，它是各民族共同崇奉的图腾神。《说文解字》：“龙，鳞虫之长，能幽能明，能大能小，能长能短，春分而登天，秋分而入渊。”传说炎帝、黄帝、尧、舜和汉高祖刘邦的诞生及其形貌都与龙有关，是龙种、龙子。古越人也以为自己是龙种，故断发文身，以像龙子。直至今日，我们还常说“龙的传人”或“龙的子孙”，这些都是受图腾祖先观念的影响。至于龙图腾神观念更为普遍，大多数民族都曾把龙视为保护神。（图 55）

图 55 龙神 云南白族纸马

龙是由古代图腾崇拜演变而来，是通过人的

想象创造而成的。有些学者认为，我国远古时各部落有以蛇、羊、虎等动物为图腾崇拜物的，后经各部落间的征战、融合而逐渐形成龙图腾崇拜。

首先，龙象征天。《周礼·司常》：“日月为常，交龙为旗。”《礼记·效特征》：“旗十二有旒，龙章而设日月，以象天也。”其次，象征皇帝、皇权。《易乾》：“飞龙在天，大人造也。”疏：“飞龙在天，犹圣人之在王位。”《左传·襄公二十一年》：“深山大泽，实生龙蛇。”杜预注：“言非常之地多生非常之物。”人们便以非常之人为龙或为龙蛇，故称皇帝为“真龙天子”，凡与皇帝有关的事物皆冠以“龙”字。如“龙颜”（指皇帝的颜貌）、“龙虎”（指皇帝的气派）、“龙飞”（指皇帝的兴起或即位）、龙袍（指皇帝所穿的绣有龙图案的袍服），“龙种、龙子、龙孙”（指帝王后代）等。最后，象征吉祥。龙被人崇拜，视为神异。汉代刘向《新序·杂事·叶公好龙》：“于是天龙闻而下之，窥头于牖，施尾于堂。”唐代张彦远《历代名画记·卷七·画龙点睛》：“须臾，雷电破壁，两龙乘云腾去上天，两龙未点睛者见在。”

在少数民族中，对龙的崇拜和向往也非常盛行。毛南族中，民间有分龙节，在农历五月进行。人们认为旱涝是由于天上的龙布雨不均匀造成的，因此要祭龙神，以祈祷风调雨顺，确保丰收。怒族中因与其先民的图腾蛇同类，故象征吉祥如意，今日的怒族人在选择婚礼吉日时，一般要选择在属龙（或蛇）的日子。在苗族中，“龙”，苗语叫作“勇”，许多家庭供有龙的牌位。湖南西部和贵州东部地区的苗族，每逢农历四月八日要举行“接龙”活动，借以祈求风调雨顺。在柯尔克孜族中，将龙与雄狮、雄鹰等相提并论。在蒙古族中，常将龙图案刻在柱子、门板、柜面及牌板上，以象征富裕、结实。

哀牢山区以龙为图腾的彝族，每年要举行一次祭龙大典，其中有人与龙交配的象征性仪式。古时候的彝族人认为，彝族是龙子龙孙。另有一些以龙为图腾的彝族，以河里或水塘里的岩石作为龙图腾的象征物，简称龙石。当地妇女不生小孩或生下怪胎者，都要到河里或水塘里洗浴，设法与龙石接触，如坐在龙石上，或把衣服系在上面，或以脚踩龙石。他们认为只有这样，妇女才能具有孕育的能力。

布依族普遍崇拜龙，并有龙的象征物：铜铸“龙宝”。其中，龙宝上扎着各种（色）花朵，被视为神物，常被无嗣人家备重礼接去作保，以祈求生育男孩。如适遇生子，则视为“龙子”。

苗族的祭龙仪式是崇拜龙图腾遗风的一个缩影。祭龙时在接龙的路旁插有许多竹子，上面系着纸人。妇女们在村口持酒相迎，为龙叩头、烧香，往龙身上系棉条和麻匹，棉条和麻匹寓意招引小孩的。妇女们各抱三五个纸人，这是向龙要小孩，俗称“讨婴崽”。他们祭龙的主要目的是繁衍子女，生育后代，后继有人。（图 56）

崇拜图腾或图腾象征物，是祈求生育发展等愿望的习俗，不仅在古代民族中存在，在近代的一些民族中仍有残存。可见，崇拜图腾也是最早的生殖崇拜方式。

图 56 龙女 苗族剪纸

6. 蛇图腾

蛇为长体的爬行动物。《说文解字》中把“蛇”作“它”，曰：“它，虫也。从虫而长，象冤曲垂尾形。”蛇是由古代图腾崇拜发展而来，象征神异、吉祥，是龙的原型之一。

古籍中，对蛇图腾的崇拜也早有记载。《隋书·东夷传》记“流球”曰：“妇人以墨黥手，为虫蛇之文。”《山海经·海内经》：“有人曰苗民。有神焉，人首蛇身，长如猿，左右有首，衣紫衣，冠旃冠，名曰延维，人主得而飨食之，伯天下。”这“左右有首”指的是双头之蛇，闻一多在《伏羲考》中认为双头之蛇就是汉画中交尾的伏羲和女娲。因此，论及蛇图腾部族或氏族，追探其源，可能要追溯到女娲大神身上。

在神话中，造人、补天的女娲为人首蛇身，很可能就是母系氏族社会中蛇图腾氏族的首领或老祖宗。在一些传说中认为：人类就是由伏羲和女娲相婚而产生的，他们的形象常作交尾状，并始终出现在一个画面中。在西南少数民族地区，也广泛流传着兄妹成婚并发展人类的神话故事。关于女娲的文献还见于《楚辞》《山海经》等。汉代刘安等著的《淮南子》提到她“炼五色石以补苍天”。宋代《太平御览》提到她“引绳于絙泥中，举以为人。”（图 57）

图 57 伏羲、女娲 安徽出土的汉代画像石

蛇是古越人的重要图腾之一，后来演化为神。清《峒谿纤志》称：“其人皆蛇种，故祭祀皆祀蛇神。”清吴震方《岭南杂记》说：“潮州有蛇神，其像冠冕南面，尊曰游天大帝，龛中皆蛇也。欲见之，庙祀必致辞而后出，盘旋鼎俎间，或倒悬梁椽上，或以竹竿承之，蜿蜒纤结，不怖人亦不螫人，长三尺许，苍翠可爱……凡祀神者，蛇常游其家。”《朝野佥载》曰：“岭南有报冤蛇，人触之，即三五里随身，即至。若打杀一蛇，则百蛇相集。将蜈蚣自防乃免。”又曰：“山南五溪黔中皆有毒蛇，乌而反鼻，蟠于草中，其牙倒勾，去人数步，直来，疾如激箭。螫人立死，中乎即断足，不然，则全身肿烂，百无一活，谓蝮蛇也。有黄喉蛇，好在舍上，无毒，不害人，唯善食毒蛇。食饱，垂头直下，滴沫地，喷起变为沙虱，中人为疾，额上有大王字。众蛇之长，常食蝮蛇。”可见古人对蛇这一动物极具丰富和诡谲的想象。（图 58）

图 58 蛇纹 原始社会彩陶

也有表现蛇通人性，知恩报恩的。《搜神记》曰：“窦武母产武，并产一蛇，送之林中。后母卒，及葬未完，有大蛇自榛草而出，经至丧所，以头击柩，涕面皆流，俯仰诘屈，若哀泣之容，顷而去。时人知为窦氏之祥。”同书又记：“隋侯行，见大蛇伤，救而治之。其后蛇衔珠以报之。”后来，人们用“隋珠”称赞知恩必报的美德。

江苏宜兴人将蛇分为家蛇和野蛇，分别称之为“里蛮”和“外蛮”。所谓家蛇，指生活于宅内的一种蛇，常盘绕于梁、檐、墙缝、瓦楞、阁楼的一种无毒蛇，长约三尺。人们认为家蛇会保护人，家里有了家蛇，米囤里的米就会自行满出来而取不空。江苏、浙江、安徽等许多汉族地区在家中发现家蛇时，一般不敢伤害它，而是点燃香烛，用豆腐、鱼、肉、米、茶叶、酒等食物来“请”（祭供）。江西清江一带则将其送到远处，并点燃三支香“送行”。从已保留的蛇图腾禁忌习俗来看，在米囤上、床上发现家蛇为吉，在檐、梁上发现家蛇为凶，若看见其足则更不吉利，应立即回避，但无论如何绝对不能打杀，否则将有不幸。（图 59、图 60）

图 59 双头蛇 陕西面花

图 60 蛇盘兔 河北面花

按照侗族的传统习俗，人们对蛇是禁捕禁食的。谁要是违规犯忌，就要斟酒烧纸以敬祭祖先，向其赎罪。正月元宵节，凡较大的侗寨都要举行“舞草蛇”或“舞草龙”仪式，通过这些仪式活动以表达对神的敬意，从而达到保佑人畜兴旺的目的。

以蛇为图腾的侗族传说，其始祖母与一条大花蛇婚配，后来生下一男一女，滋繁人丁，成为侗家祖先。怒族蛇氏族也传说，母女四人上山打柴，碰到一条大蛇，该大蛇要强迫其中一个姑娘结为夫妻。三女为保全其母性命，自愿嫁给蛇，生下许多后代，成为蛇氏族。傈僳族蛇氏族相传古时姐妹两人与巨蛇婚配，所生子女便叫蛇氏族。

7. 马图腾

《说文解字》曰："午，忤也，五月阳气忤逆阳冒地而出。马，怒也，武也。"古人对马的认识应该与阴阳五行有关。《春秋说题辞》曰："地精为马，十二月而生，应阴纪以合功，做人驾马，任重致远利天下。月度疾，故善走。"这是说马的本性属地、属阴，因而以任重、善走为特征。

古人经常将"龙、马"相提并论，或将龙和马相混称。《说文解字》中记载："马八尺以上为龙。"《吕氏春秋》也有类似的说法："马之美者，青龙之匹。"《礼记·礼运》中有"河出马图"的句子，其注疏云："龙而形象马，故云马图，是龙马负图而出。"《隋书·经籍志》中《瑞应图》记载："龙马者，神马也，河水之精，高八尺五寸，长颈，胳上有翼，旁有垂毛，鸣声九音，有明王则见。"唐太宗李世民也有一首《咏饮马》诗："骏马饮长泾，奔流洒络缨。细纹连喷聚，乱荇饶蹄萦。水光鞍上侧，马影溜中横。翻似天池里，腾波龙种生。"（图 61）

图 61 翼马 汉代画像砖

古人还将马与"神""天"联系起来，故有"神马""天马"之说。《汉书·礼乐志》中《天马诗》云："天马来，龙之媒。"颜诗古注引应劭曰："言天马者乃神龙之类。"《拾遗记·八骏》中也有出色的描述："王驭八龙之骏：一名绝地，足不践土；二名翻羽，行越飞禽；三名奔宵，夜行万里；四名超影，逐日而行；五名逾辉，毛色炳耀；六名超光，一形十影；七名腾雾，乘云而奔；八名挟翼，身有内翅。递而驾焉。"这些都与人们的马图腾崇拜心理有关。

古书中记载的远古时的"人面马身""马身龙首""马身鸟翼""马状无首"等神祇，

是古代华夏部族及其周围部落氏族崇拜图腾。但是，马毕竟是生活中日常实有之物，是不能腾云驾雾的，马所纵横驰骋的主要场所是草原和战场。因此，对马的崇拜多流传于北方游牧民与游猎民中。

满族有供奉马神的习俗，清代文献中多有祭马神仪礼和修建马神庙的记述。达斡尔族人称神马为“温古”，这种神马是不准女人骑的，它可以随处吃、走，不准人们驱赶，甚至可以在田中随意吃秧苗。神马多为全白色，全尾全鬃，从不修剪，并常在鬃尾拴五彩绸作为标志。

传说古代契丹族祖先的图腾为白马和青牛，他们“每行军及春秋时祭，必用白马青牛，示不忘本云”。以白马、青牛作祭品，就是以图腾作牺牲，表明契丹人也相信，吃食图腾能加强人与图腾的关系。后来，由青牛和白马为图腾的两个原始氏族又繁衍了许多亚氏族，青牛部和白马部便成了胞族，青牛和白马也由氏族图腾演变为胞族图腾。

8. 羊图腾

羊，古时象征吉祥。《说文解字》：“羊，祥也。”清代阮元《积古斋钟鼎彝器款识》卷十《汉元嘉刀铭》：“宜侯王，大吉羊。”宋代沈括《梦溪笔谈》：“西戎用羊卜，谓之跋焦。卜师谓之厮乩，以艾灼羊髀骨，视其兆，谓之死跋焦……又有先咒粟以食羊，羊食其粟，则自摇其首，乃杀羊视其五脏，谓之生跋焦。”说明了羊具有神异性。

图 62 三羊开泰 吉祥图案

羊，古时又通“阳”，画三只羊叫“三羊开泰”，作为岁首颂辞。“善”与“美”的本义均与羊有关。汉代董仲舒《春秋繁露·执贽》载：“羔有角而不任，设备而不用，类好仁者：执之不鸣，杀之不啼，类死义者；羔食于其母，必跪而受之，类知礼者。故羊之为言犹祥与。”这是人们对羊的美德赋予的歌颂。（图 62）

羊是远古先民普遍崇拜的动物，而“羌”这一中国西部古老的原始部族就是以羊为图腾的。《说文解字》中释“羌”为：“羌，西戎牧羊人也，从人从羊，羊亦声。”羌人携羊图腾文化向东迁徙，与华夏文化融为一体，共同形成了中华民族文化的源头。

如今，羌族的丧礼中仍保留了较多的图腾意识。例如，当人死后要杀羊一只，意在为死者引路，此羊被称为“引路羊子”。杀羊者一般为死者的长辈，如果死者为男性，则杀牡羊；如果是女性，则杀牝羊。羊要在死者面前宰杀，杀毕，将羊血洒入死者的手掌（男左女右），以使死者知道有羊可以带路。人们认为，羊体内何处有病便证明死者是因何种病而死，解剖后的羊体之肉亲人是不能吃的。

考古资料表明，在夏朝时人们便开始养羊。在商朝，六畜（马、牛、羊、猪、狗、鸡）已得到普遍饲养。周朝时还设有专管畜牧的官员“牧人”，《周礼·地官》载：“牧人，掌牧六畜，而阜蕃其物。”《诗·小雅·无羊》记载：“谁谓尔无羊，三百维群。”可见当时饲养的羊已有较小规模。（图 63）

羊图腾在许多民族中也占有重要位置。哈萨克族崇拜山羊神“谢克谢克阿塔”，认为天下山羊都归它掌管，祭它是为了山羊的繁衍。他们崇拜的绵羊神称作“绍潘阿塔”，统管天下绵羊，祭祀中求此神保佑绵羊多产。柯尔克孜族崇拜山羊，称山羊神为“巧力潘阿塔”，此神是最早驯养野羊成为家畜之神的。

有些图腾是因为人们遇难时受到某物的帮助而脱险，人们感激它、崇敬它，从而把它奉为图腾的。例如，云南彝族绵羊氏族传说，其祖先在进山劳动时，路上不慎踩上一条蛇，蛇将他紧紧缠住。在这危急关头，一只绵羊经过，把蛇踩死，救了这位祖先，其后代便奉绵羊为图腾。（图 64）

图 63 羊头 商代灰陶

图 64 双羊图 汉代铜车饰

9. 猴图腾

我国古代将猿、猴看成是一类动物，只是认为猿更接近于人，而猴更接近于兽。《雅俗稽言》中说：“猿似猴而大，雄者善啸……无通臂者猴，性与猿每相反。”（图 65）

图 65 猴 汉代粉彩陶器

猴子也是原始人的图腾之一。《说文解字》："夒，贪兽也，一曰母猴，似人。从页，已止，文其手足。"在我国的西部地区，一直绵延到喜马拉雅山两麓，都能够发现猿猴崇拜的痕迹。

藏族的先人吐蕃曾自认是猿猴所生。《西藏王统记》说，有个"神变"的猕猴跟"岩罗刹女"结为"眷属"，生下六个猴雏，吃了粮食以后，"着树叶衣"，变成了"雪国主人"，这就是藏族祖先。

广西南丹县瑶族黄姓传说其始祖妣为母猴，母猴生下的后代力气都很大。后来，天上有十个太阳和十个月亮，白天太热，晚上太亮。人们就请黄家的子孙上天打太阳和月亮，后来打下了九个太阳和九个月亮。人们为此很感谢黄家兄弟，由于黄家兄弟是由猴妈生的，人们也就很感谢猴妈。后来为了纪念猴妈，大瑶寨的瑶族人，至今不仅黄家禁忌打猴吃猴肉，其他姓氏也同样禁忌。

傈僳族猴氏族至今仍崇拜巨猴，同时最忌别人骂他们是猴子，氏族成员上山不能猎取猴子，也不能用猴皮缝制箭包。西南边疆还有许多神猴与猴神（包括图腾猴）的生动传说。怒江傈僳族说，有个姑娘因臀部烫伤，逃进森林后与猿猴成婚，后来生下了人类和红屁股的猿猴。但是，傈僳族古歌《木刮基》却把猿猴说成是宇宙创造神："这个猿猴呀，是它创造了世界，是它创造了人间，是它创造了五谷，是它创造了生命。"

10. 鸡图腾

古人认为鸡有五德，即文、武、勇、仁、信，是英雄武勇的象征。《说文解字》谓其为"知时畜也"。汉代刘向在《新序·杂事第五·鸿鹄与鸡》中也说："君独不见鸡乎，头戴冠者，文也；足付距者，武也；敌在前敢斗争，勇也；见食相呼，仁也；守夜不失时，信也。"《太平御览》引《梦书》："鸡为武吏，有冠距也。梦见雄鸡忧武吏也；众鸡入门，吏所捕也；群斗舍中，惊兵怖也。"人们还视其为有神性避邪之物和吉祥的象征。（图 66）

古人崇拜鸡，甚至认它作"祖先"。《法苑珠林》卷四十九引《孝子传》云："舜父夜卧，梦见一凤皇（凰），自名为鸡，口衔米以哺已，言鸡为子孙；视之，如凤皇（凰）。"可见最高祖先神帝舜还是凤形神鸡的后代。《山海经·南次三经》说到凤时，也称"其状如鸡"。《刘子新论》称："楚之凤凰，乃是山鸡。"

白族鸡氏族则传说他们的祖先是从金花鸡的蛋里孵化出来的，认为公鸡知吉凶，会保佑他们。在迁徙时，将东西装在背箩里，上面放一只公鸡。到达新迁地区后，公鸡在什么地方叫，就在什么地方安家。在他们看来，公鸡叫的地方就是最吉利的。

保留鸡图腾文化较多的是西南地区各民族，例如，彝族的白鸡、德昂族的鸡、克木人的秧鸡等，有的只保留了图腾名称，有的还保留了不少关于图腾的传说。

山东青岛一带的渔村，在20世纪50年代前，还保留着以公鸡代替新郎成亲陪洞房的古俗。在将迎亲的日子订好后，如果恰好新郎外出打鱼尚未归来，为了按时举行婚礼，便要挑一只公鸡代替新郎与新娘举行成亲仪式。这种仪式是古东夷人鸟图腾崇拜的遗风，表明古代存在“人即图腾，图腾即人”的图腾意识。（图67、图68）

图66 鸡 汉代陶塑

图67 大鸡 河北泥玩具

图68 童子骑鸡 河北泥玩具

11. 狗图腾

狗是人类最早的动物伙伴、助手和朋友，它忠心耿耿，尽心尽力，尽职尽责。狗是高度社会化的动物，有集群合作的本能。狗曾被人类奉为先祖，早在母系氏族社会时期，生活在黄河流域的原始人就已经开始驯养狗。《周礼》设犬人官职，专司相犬牵犬以供祭祀。汉代朝廷设立狗监，是掌管皇帝猎犬的官员。到了唐代，五场之中有狗坊，是专为皇帝饲养猎犬的官署。在人类社会进入畜牧和小农生产时期，狗守户报警，照看畜群，为人类做出了贡献。（图69）

图69 狗 汉代木雕

我国许多民族都流传着狗取谷种的神话，这些民族有壮、苗、彝、藏、普米、布依、蒙古、维吾尔等族。尽管这一神话在各民族中略有不同，但都说的是远古时代狗给人类带来了谷种，这一神话也体现了狗图腾崇拜的广泛性。

南朝范晔《后汉书·南蛮传》载："时帝有畜狗，其毛五彩，名曰盘瓠，下令之后，盘瓠遂衔人头造阙下……帝不得已，乃以女配盘瓠，盘瓠得女，负而走入南山石室中……经三年，生子十二人，六男六女……其后滋蔓，号曰蛮夷。"故事说的是高辛帝畜养的五彩龙狗盘瓠，献敌方将军首级于阙下，帝不得已而以女许之。盘瓠负女入南山石室生儿育女，成为后来的蛮夷。梁代鲍坚《武陵记》也载："武山高可万仞，山半有盘瓠，石室中有一石，狗形，云是盘瓠之遗像。"（图 70）

图 70 龙狗和六男六女 苗族剪纸

据历史记载和民族学资料证明，有些民族或部族将狗赋予其神格，称为盘瓠，至今这种古代图腾信仰的残余还依稀存在于不同地区的不同民族之中（如瑶、畲、苗等族）。从前瑶族人养狗，只是为了打猎和看家，等狗老了后宁可卖给外族，本族内是禁止杀食狗肉的。广西瑶族至今仍祠盘瓠，不仅不食狗肉，不打狗，并且狗死后还要举行隆重的丧仪。广西金秀大瑶山盘瑶和坳瑶一般不吃狗肉，师公、道公也禁食狗肉，认为吃了狗肉会遭厄运。

清代梁章冉在《两般秋雨庵随笔》卷二《瑶俗》中说："瑶俗负物，男子以肩，女子以首，谓男首是狗王之头，而女肩则高辛公主金肩，故皆贵之。"《桂海志续》也称："汲水负薪，男以肩，女以藤绳系于首，垂于背以行；谓男首出盘瓠犬头也，女肩出于高辛公主，金背也，故以轻重别。”这就说明瑶族人不仅禁止杀、食狗，而且对自己身体上象征盘瓠的部位甚为重视。

中国人向来十分敬奉祖先，特别是春节，家家户户都要置办祭品，大祭祖先。还以瑶族为例，瑶族承祖先遗俗，年年都要祭祀盘瓠祖先。例如，广东各地瑶族都有祭祀狗祖习俗，其中博罗瑶族“自言为狗王后，家有画像，犬首人服，岁时祝祭”。曲江瑶族于“七月望日，祀其先祖狗头王，以小男女穿花衫歌舞为侑”。连山瑶族祀狗祖之日，“男妇诸吾皆盛服集于庙，具香烛纸钱猪牛鸡酒而祭焉，曰‘拜祭阿公’，其拜也，两手据地，顿首无数，既拜而食，既饱而歌，鼓角齐鸣，男女杂坐，拂衣而起，奋袂低昂，顿足起舞，乐莫极于斯也”。

畲族与瑶族一样，每逢年节也要祭祖先，祭祖仪式相似。其中，较大规模的祭祖仪式是“跳盘王”仪式。另外，畲族有创世诗歌《狗皇歌》。他们不杀狗，不吃狗肉。浙江景宁的畲族可打狗但不吃狗肉，认为吃了人会破相或生病。浙江丽水地区的畲族也不吃狗肉，狗死后会放在溪水中被冲走。

哈尼族人认为吃狗肉是一件下贱羞耻的事，也是忌吃狗肉的。相传拉祜族的祖先是吃狗奶长大的，因此忌杀狗，胆敢吃狗肉者是不能进家门的。龙狗是古代侗族“仡坦”部落的图腾标志之一，传说它与侗族始祖松恩同时诞生，是其始祖的兄弟，所以侗族人爱养狗但不食狗肉。

狗也是黎族的图腾之一，他们认为不得伤害和食用狗，狗死后必须埋葬，绝不允许以狗作为祭品。

满族自狩猎时期就崇拜狗，把它看作有恩于满族的动物，后又与义犬救努尔哈赤的传说相复合，至今不吃狗肉，不戴狗皮帽子。

另外，图腾音乐是最原始的音乐之一，它以模仿图腾的叫声为主。例如，黎族就有模仿狗吠的习俗。明顾岕《海槎余録》载：“黎人善射好斗，积世之仇必报。每会亲朋，各席地而坐。饮酣顾梁上弓矢，遂奋报仇之志……酒醉，鼓众复饮，相与叫号，作狗吠之声，辄二三昼夜。自云系狗种，欲使祖先而知而庇之也。”畲族在除夕之时，首先要举行祭祖仪式，饭前要“口衔骨头一块，屈身绕桌足匍匐三圈，又要作犬吠三声”。瑶族人也“岁首祭先，杂揉鱼肉酒饭于木槽，扣槽群号为礼”。这“作犬吠三声”和“扣槽群号为礼”即是模仿图腾声音而作。

12. 猪图腾

十二生肖中，猪被排在最后，现在人看来，它既没有漂亮的外表，也没有特殊的本领，除了吃、睡，到最后免不了被人宰杀。《符子》曰：“朔人有献燕昭王大豚者，宰夫膳之。

豕既死，乃见梦于燕相曰：造化劳我以豕形，食我以人秽。今仗君之灵而化，始得为鲁津之伯也。”说明了人们认为猪自己也感到自惭形秽。

然而，在神话传说中，猪被视为有灵性的动物。《伽蓝记》曰：“后魏植货里有太常民刘胡四人，以屠为业。永安年中，胡杀猪，猪忽唱‘乞命’，声及四邻，邻人谓胡兄弟相斗，来观之，乃猪也。胡即舍宅为归觉寺，合家入道焉。”猪也曾有个值得炫耀的历史。《宋稗类钞》载：一位叫乌羊的古先人，在开挖河渠时，变幻为一头大猪，奋力当先。亥属水，猪长喙善拱掘，被描写成了修水利民的能手，古时筑土堵水叫“偃猪”。

猪作为原始崇拜的对象，原是人们本身对自然力感到惶恐畏惧而加以神化的产物。直到先秦时期的古文献里还有所谓的“豕祸”，这正是人们对猪的一种诚惶诚恐、神化象征的观念在形态及传闻里得到长期延续的反映。我们从遗存的典籍和古文物中可以看到，中国远古时期就有以猪为图腾的部落。例如，河姆渡陶器上的猪图案、半坡陶器上的猪纹、商周青铜文化中的猪造型，据专家研究都是猪图腾崇拜的遗物。（图 71）

由于猪有着旺盛的生殖力，有时一胎产仔多达十几头，原始人们便把猪作为生殖之神来崇拜。又由于猪天生就会游泳，民间便有“猪浮黄河牛浮海”的说法，民间俗信猪能预兆雨水，所以猪又成为云雨之神而受到人们的崇拜。

“肥头大耳”这一成语指的是肥胖的脑袋、大大的耳朵，形容肥胖的体态，旧时也指人长得有福相。因此，崇尚大耳的习俗可能源于古代的猪神崇拜。《淮南子·地形》：“夸父耽耳，在其北方。”《说文解字》：“耽，耳大下垂也。”《后汉书·西南夷传·哀牢》载：“哀牢人皆穿鼻儋耳，其渠帅自谓王者，耳皆下肩三寸，庶人则至肩而已。”直到现在，人们还常常说耳垂厚大的人有福气。（图 72）

图 71 猪 战国时的彩绘漆盒

图 72 猪纹 山东高密范祚信剪纸

猪神崇拜后来在民间被演化成许多与猪相关的行业神。例如，畲族以马氏娘娘为保护养猪的神灵。在四川的很多地方是由四官菩萨作为养猪保护神的，四官菩萨原为财神，从某种程度上来说财就是猪，猪就是财。

在中国的各种祭祀中，大多是无猪不成祭，向一些神灵祈福求财也离不开猪。据《吉林通史·岁时风俗》记载：农历六月二十三日为马王诞日，农户们在寺庙中以猪肉为祭品，谓得到马王欢心则有利于六畜兴旺。猪还经常成为人们祈福还愿的工具。例如，满族跳神时，常用猪肉作主要祭品，这种跳神仪式实际上是祭祀祖先、祈求祖先神灵的庇佑以保平安。

另外，野猪是北方狩猎民族的崇拜对象，在满族中被列为大神，说它身比山高、鬃毛如林，山里的沟谷都是它的獠牙所豁，是部落的守护神。（图 73）

图 73 野猪纹 唐代银器

总之，图腾指一种被认为有生殖或血统关系的非人类祖先。人们崇拜生肖动物，是因为其形貌、生理特征和行为与人类较接近，较容易被人认为是同类，至于有些动物，可能是万物有灵观念产生后出现的；人们崇拜生肖动物，还因为每一个生肖动物都联系着千万人的心。

五、生肖与民俗

生肖是民俗的重要组成部分，它与民俗有着十分密切的联系。我们从民间流传的风俗习惯中可见一斑，它存在于生活中的方方面面。本部分将从有关民间传说及有关书籍中摘录一些资料，有情理之中的，也有情理之外的，因为生肖与人们的生活有着太多的联系。

宋代王应麟在《困学纪闻》卷九中有一段专讲十二生肖的文字，文中谈到星宿、月令、阴阳五行、饮食、迎春仪式、象形造字等内容，现引录如下：“朱文公尝问蔡季通，十二相属起于何时，首见何书。又谓以二十八宿之象言之，唯龙与牛为合，而他皆不类。至于虎当在西，而反居寅；鸡为鸟属，而反居酉，又舛之甚者。《韩文考异·毛颖传》‘封卯地’，谓十二物未见所从来。”

生肖十二年一轮，民间多将其称之为一“旬”。例如，“都属鼠，但比他大一旬”，是讲两个均为子年出生，相差十二岁。每十二年，本属相的年份轮一次，这就是本命年。本命年中，大人们要扎红腰带、孩子们则穿红内衣等，以求吉利、平安。这种本命年的说法和风俗，实际上是本命神迷信的民俗化。在内蒙古东部地区，男孩十二周岁生日时要“扎红”。人们十分重视这一天，家长要置办酒席，亲友也要赠予男孩礼物钱帛等，以示祈福。（图 74）

人到了 60 岁时要祝大寿，这种习俗我国各地均有。60 岁又称“花甲”“花甲子”，朝鲜族称其为“换甲”“周甲”“还历”，儿女要为老人办“换甲宴”，因为六十一甲子，这是人生的第 6 个本命年。人们相信，每逢本命必多灾殃，因此要进行“本命禳解”，才能化为吉祥。

以属相取名在民间非常流行，例如，明代“江南第一风流才子”的唐寅，出生于 1740 年，属于庚寅虎年，唐伯虎是他的字，名寅字伯虎，名、字呼应，取自生年属相。除了名与字号以外，乳名也常有取于生肖的，人们认为乳名直接关系到一生的命运。乌丙安在《中国民俗学》中说：“旧俗命乳名十分郑重，有的地方由生父携带糖、饼之类请村中长者、族中有威望者取名，名字要与长辈亲属的名字避讳，通常多取吉字作名，如贵儿、祥儿、小龙、虎仔。但民间更多的取‘贱’名，或带有符咒意味的名，以求免灾，容易托养，如‘小狗子’‘猫仔’‘小牛’……”这些名字有时直接与属相相关，尽管名字不好听，但孩子好养。（图 75）

图 74 犀牛望月 清代铜器

图 75 龙凤纹 汉代白玉佩饰

民间饮食文化中也包含着许多生肖的因素，我们生活中的一日三餐，每一餐实际上都可以说是传统文化的载体和符号，向我们传递着不同的文化信息。东汉蔡邕的《月令论》是记载生肖较早的文献之一，其中有一段是讲饮食的：“凡十二辰之禽五时所食者，必家人所畜。丑牛、未羊、戌犬、酉鸡、亥猪而已。其余龙虎以下非食也。春，木王，木胜土，土王四季。四季之禽，牛属季夏，犬属季秋，故未羊可以为春食也。夏，火王，火胜金，故酉鸡可以为夏食也。季夏，土王，土胜水，当食豕而食牛。土，五行之尊者；牛，五畜之大者。四行之牲，无足以配土德者，故以牛为季夏食也。秋，金王，金胜木，寅虎非可食者，犬豕而无角，虎属也，故以犬为秋食也。冬，水王。水胜火，当食马，而礼不

以马为牲，故以其类而食豕也。”宋代陶谷在《清异录·馔馐》中也说：“卯羹，纯兔。”古人称兔肉汤为卯羹。（图 76）

图 76 兔年吉祥 山东郎庄面塑

总之，生肖文化广泛介入中华文化各领域中，是民俗的重要组成部分，而生肖文化的意义也多见于民间流传的风俗习惯之中。

1. 有关鼠的民俗

在一年的二十四个节气中，都有与之相关的民俗，它是中国人生活中的一部分。这些民俗大多又与农耕文化相联系，尽管有些被罩上了些许迷信色彩，但都是为了表达一种美好的愿望和追求生活的幸福。因此，对于小小的老鼠也不例外。

“鼠”作为十二生肖之首，对人们生活的方方面面都有许多重要的影响。例如，许多儿歌中都出现描写鼠的诗句：“老鼠老鼠上灯台，偷油吃，下不来，叫唤奶奶抱下来。”尽管其中的“偷”字听起来不顺耳，但它还是在民间不断地被传唱着。老鼠自黑暗中寻找光明，又攀登而上，所表现的正是人类追求终极的精神。

不止儿歌，还有许多习俗也与老鼠有关。例如，“老鼠嫁女”的习俗，其日期因地而异，一般是在正月二十五晚上，家家户户都不点灯，全家人坐在堂屋炕头，一声不响，摸黑吃着用面做的“老鼠爪爪”等食品，不出声音是为了给老鼠嫁女提供方便，以免得罪老鼠，给来年带来灾难。

台湾居民认为正月初三为小年，传说初三晚上是老鼠结婚日，民间剪纸中的“老鼠娶亲”就是这种信仰的反映。所以，深夜不点灯，在地上撒米、盐，人要早上床，不影响老鼠的喜事。苏北是农历正月十六。苏南在正月初一。湖南一些地方在二月初四。湖北的江汉平原在腊月二十三。四川多在除夕之夜。山东、山西多在正月初七。陕西有些地方在正月初十。河北有些地方则在正月十七，等等。

江南一带的民间在老鼠嫁女日前夕，家家要炒芝麻糖，这是老鼠成亲的喜糖。当天晚上，孩子们将糖果、糕饼、米花等放在老鼠们经常出入的地方，并敲打锅盖、簸箕等器物为老鼠“催妆”。陕西有的地方在正月初十夜家家关灯早寝，还要在屋角撒盐和米送给老鼠，俗称“老鼠分钱”。湖南资兴等地则在屋角、过道上遍插蜡烛，照得四处通明，人们要早早上床睡觉，并禁止孩子们吵闹，免得影响老鼠行动。苏南一些地方和山东淄川一带，均日夜不得燃灯，并叮嘱孩子不要说话，留下鞋子作花轿，留下瓜子皮、花生壳作礼盒。（图 77、图 78）

图 77 老鼠嫁女 清末民初四川绵竹木版年画

图 78 老鼠拜花堂 清末民初河北武强木版年画

湖北江汉平原一带将小初夜看作老鼠嫁女日，俗称“鼠添箱”。那一天，家家要将插上花的面饼放在暗处，禁止舂米、磨面，大人小孩不准喧哗。如果惊动了老鼠，来年就会捣乱。

“老鼠嫁女”这一习俗充分地表现出人们对鼠既憎又敬、既逐又宠的矛盾心理，因为民间有“你吵它一夜，它扰你一年”的说法，人们供奉盐、米、糕饼、糖果等是作祀鼠之用，也是为了与鼠“和平共处”，表达了人们期望与鼠“和睦相处”的心愿。

旧时上海一带有避老鼠落空的习俗。老鼠外出觅食，失足落地，称为“老鼠落空”，据说见者多为不吉利，非病即灾，必须禳解。其方法是沿街乞讨白米，谓百家米，回家用以煮饭，食后便可化解。

青海的一些地区有“蒸瞎老鼠”的风俗。每年农历正月十四，家家用面捏成十二只老鼠，不捏眼睛，然后用蒸笼蒸熟，待元宵节时摆上供桌，并点灯烧香，乞求老鼠只食草根，勿伤庄稼，以保本年丰收。农历正月第一个子日，朝鲜族在这一天要进行熏鼠火民俗活动。农家的孩子们在田埂上撒下稻草并点燃，以达到烧除杂草并驱赶田鼠的目的。这一项民俗活动有利于灭鼠、灭虫，草木灰还可以肥田。另外，子日属鼠，在这一天燃一把熏鼠火，其象征性使人们得到了心理上的满足。

还有一种“老鼠数钱”的风俗。说是老鼠深夜或天亮时吱吱乱叫，其叫声如数铜钱之声。上海崇明一带的人们认为听到这种声音是不吉利的，需要小心行事，还要烧香求菩萨保佑。而湖北等地的人们则认为，听到这种声音是吉兆。浙江民间则认为，前半夜听到这种声音是“得财”，后半夜听到这种声音是“散财”。

2. 有关牛的民俗

河南镇平流传着一首童谣：“青草地，细水流，一个老头儿去放牛。他养牛，为耕地，大囤小囤满粮食。一个牛，喂得饱，一顷地，耕得好。耕地好，一家吃饭都有了，老牛它不白吃草。”这首童谣体现出人们对牛的尊重、爱护，对牛始终怀着感恩之情。因为农耕时代广大的农民几乎是与牛相依为命的，耕牛被视为农家宝。它身强力壮，能耕地、能拉车，农家几乎所有要劳动的地方都少不了它。（图 79）

图 79 牛 河南浚县泥咕咕

唐代诗人元稹《生春》诗：“鞭牛县门外，争土盖春蚕。”先“鞭”而后“争”，是古代送冬寒迎新春风俗的两部曲。

鞭春牛又称鞭土牛，起源较早。《周礼·月令》：“出土牛以送寒气。”后来一直保留下来，但改在春天，盛于唐、宋两代。尤其是宋仁宗颁布《土牛经》后，使鞭土牛风俗传播更广，成为民俗文化的重要内容。

康熙《济南府志·岁时》中写道：“凡立春前一日，官府率士民，具春牛、芒神，迎春于东郊。作五辛盘，俗名春盘，饮春酒，簪春花。里人、行户扮为渔樵耕诸戏剧，结彩为春楼，而市衢小儿，着彩衣，戴鬼面，往来跳舞，亦古人乡傩之遗也。立春日，官吏各具彩仗，击土牛者三，谓之鞭春，以示劝农之意焉。为小春牛，遍送缙绅家，及门鸣鼓乐以献，谓之送春。”鞭春牛的意义，不限于送寒气、促春耕，也有一定的巫术意义。山东民间要把土牛打碎，人人争抢春牛土，谓之抢春，以抢得牛头为吉利。浙江境内迎春牛的特点是，迎春牛时，依次向春牛叩头，拜完，百姓一拥而上，将春牛弄碎，然后将抢得的

图 80 春牛图 清代山西临汾木版年画

春牛泥带回家撒在牛栏内。由此可见，鞭春牛还是一种繁殖巫术，即经过迎春的春牛土，撒在牛栏内可以促进牛的繁殖。（图 80）

我国少数民族也有慰问耕牛的习俗，称为“献牛王”。贵州的荔枝、罗甸、安龙等地的布依族，农历四月初八为牛贺岁。是日，让牛休息一天，让牛吃糯米饭。仡佬族的牛王节也称“牛神节”“敬牛王菩萨节”“祭牛王节”，每年农历十月初一举行。那一天，人们不再让牛劳动，并用上好（优质）糯米做两个糍粑，分挂在牛角上，然后将牛牵到水边照看影子，以此种方式为牛祝寿。贵州榕江、东江一带的侗族，每年六月初六举行“洗牛节”，人们把牛牵到河边洗澡，并在牛栏旁插几根鸡毛和鸭毛，表示为牛洗尘，祈祷耕牛平安健壮。

在各民族的丧葬活动中牛也担当着重要的角色。丧葬在布依族的人生礼俗中是比较隆重的，其仪式被称为“转戛”，而转戛仪式中的一个重要内容就是砍牛。近人董振藻在《黔中苗乘》中有这样的记载：“亲死，选牛一头或数头，亲戚朋友携鸡来祭，既绕牛而奠之。奠毕，屠牛分食而散。”云南中部、丽江山区的纳西族在丧葬时流行跳牦牛的风俗。老人死后，火化取骨，主人在院内燃起火堆，来客围在四周跳丧葬舞，领舞者唱着挽歌。歌舞毕，众人依次向骨灰跪拜。随后牵来一头牛，提起牛耳，将一碗牛奶灌进去。若牦牛扬蹄蹦跳，即为好兆；若不跳，再灌一碗，再不跳，则认为亡灵不要此牛，就要另换一头再灌，然后捆住牛的四蹄，请父母双全的健壮男子宰牛。通常先取牛心，再剥皮分肉，将牛心、牛肉献于骨灰袋前，称“生祭”。肉煮熟后再祭一次，称为“熟祭”，祭毕埋骨入土。

汉族交际风俗中有“结牛财亲”一说，流行于湖南一带。在当地，一头牛几户共用的称为结牛财亲，并视作亲戚，牛的所有权一旦换成别人，其“亲戚”关系也到此结束。流行于陕西留坝县等地的“牛王会”，是为老人做寿的称谓，因为牛耕田犁地，有功于人，并且排在生肖的前列，以牛为名给老人祝寿，以示尊敬。（图 81）

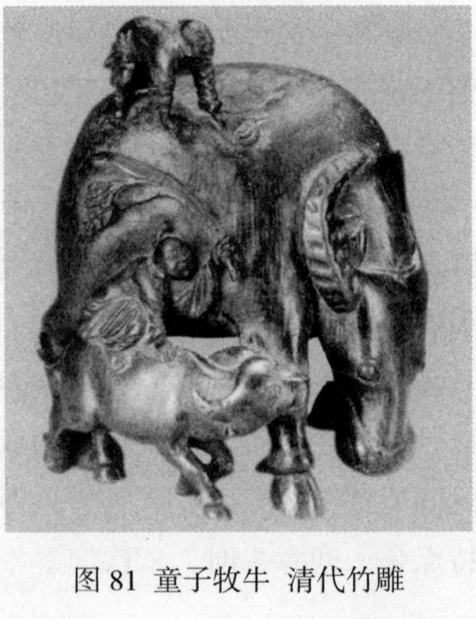

图 81 童子牧牛 清代竹雕

苗族有抢牛尾的婚姻风俗，流行于贵州西北一带。男女订婚后，女方要喂养一头黄牛，待婚礼那天将牛牵到现场，并用两根绳索绊住牛腿，然后由新娘一刀砍下牛尾，新郎会立刻上去抢夺牛尾。若能在女方父母到来之前夺得牛尾，便可立即成婚，否则婚姻告吹。

另外，黄河沿岸有许多镇水灵物，其中最常见的镇水灵物是铁犀，俗称铁牛。用铁牛镇水，常见的有两种解释：一说“铁者金也，为水之母，子不敢与母斗，故蛟龙咸畏之”；一说犀为神牛，牛能耕田，属坤兽，坤在五行中为土，土能克水。（图 82）

图 82 牛首 清代北京圆明园铜器

3. 有关虎的民俗

虎在中国传统文化中占据着极为重要的地位，仅次于龙。《周易·乾卦文》曰：“云从龙，风从虎。”龙飞在天，虎行于地，历代人们都习惯用“龙腾虎跃”或“生龙活虎”来表现中华民族的精神面貌和雄强气概。

清代文人舒位有《黔苗竹枝词·红苗》诗：“织就班丝不赠人，调来铜鼓赛山神，两情脉脉浑无语，今夜空房是避寅。”（注：红苗唯铜仁府有之，衣服悉用班丝，女红以此为务。击铜鼓以鼓舞，名曰调鼓。每岁五月寅日，夫妇别寝，不敢相语，以为犯有虎伤。）寅为虎，谁敢违背避寅习俗，五月寅日若夫妻同房而眠，老虎就会伤害他们。这是一些地方民间流传的避寅习俗。

白虎神是中国古代道教的守护神，原为古代星官名，二十八星宿中的西方七宿，因其呈虎形位于西方，按五行配五色，故称。它也是四方神之一。《礼记·曲礼上》有“前朱雀，后玄武，左青龙，右白虎”的说法。土家族多信奉白虎神，湖北土家族祭白虎时，掌坛师要用杀猪刀将自己的头砍出血来，滴在纸钱上后，悬挂焚烧。湖南土家族的小孩得惊风病时，往往认为是白虎所致，必须请巫师驱赶“白虎”。驱赶时，要在户外放一把椅子，绑上带枝叶的竹子，上捆一只白公鸡，由巫师在室内施法，如果公鸡啼叫，白虎就算赶跑了。

陕西有送布老虎的育儿风俗。小孩满月时，舅家要送去黄布做的老虎一只，进大门时，将虎尾折断一节扔到门外。送布老虎，是祝愿孩子长大后像老虎那样有力；折断虎尾，则是希望孩子在成长过程中免灾免难。山西各地则流行送老虎枕头的育儿风俗。每逢小孩过生日，当舅舅的要送外甥一只或一对老虎枕头，既可当枕头，又可当玩具，还表示祝福。（图 83、图 84）

图 83 虎 · 传世 陕西布玩具

图 84 虎 · 传世 陕西布玩具

陕西华县一带流行“挂老虎馍”的婚姻风俗。迎亲前，男方的舅家要蒸一对老虎馍，用红绳拴在一起。新娘一到，便将老虎馍挂在她颈上，进门后取下，由新郎、新娘分食，表示两人同欢。值得一提的是，此馍还有公、母之分，公老虎馍的头上有一个“王”字，表示男子要当家为王；母老虎馍的额中有一对飞鸟，表示妻随夫飞。每个老虎脖子前还有一只小老虎，表示祝愿新人早生贵子。

农历五月初五是中国传统的“端午节”，这一天要吃粽子、赛龙舟，还有许多地方盛行佩饰“艾虎”（用艾叶装饰的虎形饰物）以辟邪禳灾。如山东、浙江、江苏、福建等地都有此习俗。在这一天，妇女们剪彩帛制成虎头，虎头上缀着大蒜、八卦符、小粽子等物，系在儿童背上。有的地方则用黄布做兜肚、鞋子，上面绣着虎头、五毒，称为“艾虎镇五毒”，给儿童穿戴可以辟邪。（图 85）

北京民间则流行在端午节这天窗户上贴红纸剪的葫芦，悬朱砂画的符，插蒲草扎的龙和艾虎。北方各地还喜欢给娃娃手腕上扎五色线，佩艾虎香包，用雄黄酒在娃娃额头上写“王”字，名叫“虎头纹”。家家户户还将“艾虎镇五毒”“老虎葫芦剪纸”贴在门上辟邪。（图 86、图 87）

图 85 艾虎 山东蓬莱刺绣花样

图 86 虎 陕西刺绣挂件

图 87 虎 陕西刺绣兜肚

4. 有关兔的民俗

兔子的形象大多以精明机敏为特征，人们习惯称之为“玉兔”，而“玉兔捣药”的故事，更是远古相传。

中国传统的节日里常有兔的身影。例如，古时正月初一要“挂兔头”。人们用面捏的兔头与年幡面具同挂在门额上，以示镇邪禳灾，这一习俗流行于我国许多地区。正月十五元宵节要“扎兔灯”，这种兔灯是用面或纸制成兔子形状。每年九月九日重阳节前后，人们要举行一种吃兔肉的聚会，俗称“吃迎霜兔”，以驱病祈福、追求长寿。

京津两地流行着一种叫“兔儿爷”的民间工艺品，“兔儿爷”的原型被认为是《封神演义》中的长耳定光仙。通常彩绘成兔面人身，头戴金盔，露出两只长长的耳朵，身穿金色的铠甲，内着大红战袍，背插五色令旗，手执金瓜，威武英俊。还有骑虎的、骑鹿的兔儿爷，形式有趣多样。这些兔儿爷最早是女人们在祭祀太阳星君时防止孩子捣乱而给孩子的玩具，也象征着月中玉兔，人们买来祭拜，以求平安吉祥。（图 88）

图 88 兔儿爷 北京泥玩具

汉族有生育忌兔肉的习俗，传说兔子豁嘴，孕妇妊娠时禁食兔肉，以免孩子出生时豁嘴。另外，还有赠兔画的育儿风俗，画中有六个小孩围着一张桌子，桌上站一手持兔子吉祥图的人，祝福受赠的孩子将来生活安宁，步步高升。

山东沿海的一些渔民有“兔塞怀”的习俗，即每年谷雨、清明前后，妻子待丈夫一进屋，便出其不意地把一只白兔往丈夫怀里塞，寓意怀揣白兔象征吉祥，保佑出海平安，满载而归。

山西一些地区的婚俗中，母亲要在女儿出嫁前做一些兔形与鱼形的礼馍，其中兔馍象征男性、鱼馍象征女性，新婚时吃兔馍、鱼馍，以祈求子孙繁衍不断。

广东化州等地还有“玉兔引路去偷青”的习俗，即未婚女子正月十五晚上象征性地偷意中人家菜地里的几棵青菜，这样做可以嫁个好女婿，可保日后生活美满，白头偕老。

过去的生意人十分忌讳在途中遇上兔子，据说碰上兔子后做生意不顺利。因为兔子在奔跑途中是停不住脚的，所以人们便认为生意无成，还得奔波。

5. 有关龙的民俗

中国的民俗节日有不少与龙有关。宋人吴自牧在《梦粱录》中有关南宋龙灯的记述：“元宵之夜……草缚成龙，用青幕遮草上，密置灯烛万盏，望之蜿蜒如双龙之状。”吴氏所说的是静止观赏的龙灯。南宋大词人辛弃疾有“凤箫声动，玉壶光转，一夜鱼龙舞”的诗句，说的是由人舞动的龙灯。明清两代，舞龙灯之风更盛，据清道光年间《沪城岁事》载：“游手环竹箔作笼状，蒙以绤，绘龙鳞于上，有首有尾，下承以木柄旋舞，街巷前导为灯牌，必书‘五谷丰登，官清民乐’。”清嘉庆姚元之《竹叶亭杂记》亦载：“今圆明园正月十五日，筵宴外藩，放烟火，转龙灯。其制人持一竿，竿上横一竿，状如丁字。横竿两头，系两红灯，按队盘旋，参差高下，如龙之宛转。少顷则中立，向上排列‘天下太平’四字。”舞龙灯并非灯节才有，春节、中秋以至各种庙会大都举办此项活动。在中国的传统观念中，龙是吉祥瑞兽，人们用灯模拟龙的形象，无非是取其吉祥除祟的含义。

山东沂南北寨村留存的东汉晚期画像石墓中室东壁上的乐舞百戏石刻，为我们提供了汉代鱼龙之戏的形象资料。其龙双角、鳞身、双翼、长尾，背上负一大圆口双耳瓶；瓶上立着一个扮演羽人的小孩，双手持一带羽葆的长幢耍弄。龙前有一左手持短梃，右手持鼗鼓向龙摇动的人；龙后有一左手持鞭，右手持鼗鼓举掐的人，气氛热烈。此龙的造型极像马的形体。

农历二月二为汉族的“龙抬头”节。此时正值惊蛰、春分时节，民俗认为蛰伏一冬的龙在这一天抬头活动，以后的雨水也就多起来了。明人沈榜的《宛署杂记》有关于“二月引龙，熏百虫”的记载：“宛人呼二月二日为龙抬头。乡民用灰自门外委蜿布入宅厨，旋绕水缸，呼为‘引龙回’。用面摊煎饼。熏床炕令百虫不生。”由于中国北方多旱少雨，将龙引入家中，图的是风调雨顺，于是也就产生了“二月二，龙抬头；大仓满，小仓流”

的民谚。这一天，人们吃龙须面、龙鳞烙饼、龙耳饺子等。

农历五月初五为“端午节”，按地支推算，“五”为“午”，闻一多先生曾将端午节称为“龙的节日”。赛龙舟是端午节的重要内容，古时皇家龙舟的制作极为奢华，如南宋画院李嵩所画《中天戏水册》中的大龙舟，头、尾、鳞、鬣皆雕镂金饰，舟上建层楼台观，槛曲安设御座，两舷各三桨，气势雄伟，金碧辉煌。（图 89）

古代帝王服饰中有龙袍。《清朝通志·器服略》中记载：“皇帝龙袍，色用明黄，棉袷纱裘，惟其时，领袖具石青片金绿，绣文金龙九，列十二章，间以五色云。领前后正龙各一，左右衣襟处各一，袖端正龙各一，下幅八宝立水裾左右开。”清代一般绣九龙，但从正面或背面看都是五条龙，合“九五之尊”的帝王称号。袍的下端排列着许多“水脚”，水脚上绣水浪，俗称“海水江涯”，寓意一统江山及延绵不断等。（图 90）

图 89 赛龙舟 清代玉佩

图 90 团龙行龙直立水蟒袍 戏剧服装图案

分布于中南地区的壮族、瑶族和西南地区的哈尼族均有“祭龙节”。壮族的祭龙节在农历二月间，祭时，由村中两户或数户人家轮流负担祭祀用的鸡、猪等祭品，认为杀猪祭龙，可保人畜平安。瑶族的祭龙节在农历三月初三，活动包括求谷魂、祭谷娘、祭盘古、祭玉皇、祭神农等。祭品是全寨人出钱购买的猪，祭毕由全寨人分食，妇女不得参加仪式。广西侗族流行要龙灯，用竹片制成一条三四十厘米长的龙，龙须下有一包，以便点蜡烛，元宵节晚上玩要。玩时，摆一纤巧八仙桌，两人围绕桌子舞动，跳跃嬉戏，互相追逐，然后配以有节奏的乐器演奏，有声有色，十分有趣。

龙虫舞是一种瑶族舞蹈，流行于云南西畴、马关、麻栗坡等地。丧葬分为两次举办，第一次为土葬，第二次是火葬。土葬后隔半年到一年左右，家人举行“出灵”仪式，把土葬者尸体挖出火化，然后将骨灰装入罐中，此时，要跳龙虫舞，象征将亡灵护送升天。

龙笙舞是一种彝族舞蹈，流行于云南双柏，每年农历二月初二表演。舞时，由两个敲锣人在前面领舞，后面跟随三至七名男子吹芦笙作舞。开始，众人上山祭龙，向龙树供物祭奠，每户人家皆在山间择地设灶，炊食露餐。舞队每走至一灶，即绕灶一周作舞，以示敬奉灶神。尔后将“龙头”抬回寨中，表示迎龙进寨，象征福临家门。晚上，众人还要以巾蒙面，围龙笙队起舞。

6. 有关蛇的民俗

逢地支为巳的年份出生的人属蛇，北方大多谓此人属小龙，也有说属长虫的。人们不说属蛇而说属小龙，大概是因为对蛇厌恶，而对龙情有独钟，因龙为神物，也有点“攀龙附凤”的味道。

汉族民间有“蛇脱皮”的说法，认为看见蛇脱皮，是不吉利的征兆。民谚说：“见到蛇脱皮，不死脱层皮。”尤其是在春季更被人们视为大忌。在青海地区，传说若家中发现蛇，最忌杀死，认为若杀死蛇或蛇没有被打死，蛇就会采取报复行动，于家门不利。所以，若在家中发现蛇，就将其捉入罐中或挑在长杆上，然后送到山谷中，并求其躲进山洞，别再回到人家中。

福建闽南一带由于气候温和湿润，适宜各类蛇繁衍生息。传说若在家中发现蛇，是不能打死的。人们认为，蛇是祖先派来巡视平安的，进了谁家，就预示谁家居住平安。要是在路边发现几条蛇盘在一起，就要赶紧揪掉身上的某一颗纽扣丢去，表示忏悔，然后走开，当作没有看见。据说这是蛇交配，观者为大逆不道。

农历三月五日为农历惊蛰节，贵州一带民俗传说忌雷鸣声，如出现雷鸣，当年会蛇虫成灾。民谚云：“惊蛰有雷鸣，虫蛇多成群。”（图 91）

早在宋代，就有钉面蛇的节日风俗，流行于今河南开封一带。每年农历正月初一，人们便用面粉做成蛇形，同时备有炒熟的面粉和煮熟的鸡蛋，在四更时让三个不同姓氏的人埋入土中，并逐件以铁钉各钉三下，然后念咒语：“蛇行则病行，黑豆生则病行，鸡子生则病行。”然后，把它们埋在地下以求镇邪防病，故称钉面蛇。

图 91 蛇纹 清代花钱

蛇盘盘也称为“蛇婆婆”，是山西、陕西一带流行的一种面食，是用发酵的白面盘成蛇的形状，头部安两粒高粱当眼睛，嘴里还要放一枚铜线，上笼蒸熟。钱为财，蛇为绳，发财致富之意。

珞巴族流行蛇模型的婚姻习俗。成婚当天，男方家门前要用捆有竹屑的两长两短的竹子做一门框，门框的一侧放一竹制的蛇模型，上方中央吊一只活鸡，地上再放两碗米粥。当新郎领着新娘来到此门框前时，先喝完米粥，然后合力将鸡杀掉，将鸡血洒在门框的竹制蛇模型上。民间认为，蛇模型是看护门户的灵物，洒上鸡血是为了防止恶精灵进入，以保护新婚夫妇平安。

7. 有关马的民俗

山东章丘龙山镇城子崖的考古发现证明，自母系氏族公社时期，人们就开始驯化马。许多古籍中有“相土作乘马”的记载，“作乘马”就是用四匹马驾车，作为运载的工具。

华夏自古有祭马的民间风俗。春祭马祖，夏祭先牧，秋祭马社，冬祭马步。马祖是天驷，是马在天上的星宿；先牧是开始教人牧马的神灵；马社是马厩中的土地神；马步为马灾害的神灵。汉族民间信仰马王爷，农家于农历六月二十三日祭祀，祭品为全羊一只。（图 92）

图 92 马 唐代陶塑

蒙古族有马奶节和赛马节的传统节日，每年农历八月末举行，为期一天。这一天，牧民们穿上节日服装，分别骑着马并带着马奶酒，赶到指定地点，然后准备节日食品。太阳升起时开始赛马，参赛的马匹为两岁小马。比赛结束后人们分别入席，在马头琴的伴奏下，纵情歌唱，开怀畅饮，一直到夜色降临，才载着余兴纷纷散去。佤族过春节时要用糯米饭喂马，并观察马在厩中的姿态以占吉凶，以马头朝东方为幸运年，头朝向西方则有不吉利的兆头。

在湖北，传说新娘出嫁时本家历代亡灵都会跟从前往，途中可能会撞着各种煞神附身，会给男家带来不利。所以，迎亲的这一天，男方会请方士一人，在门外设一香案祭告天地和车马神，并杀鸡以驱鬼。祭毕，抓米撒在新娘的彩轿上，表示打掉煞神。新郎也同时向花轿四周行礼，礼毕方可入内。

东北地区有汉、满族踏马杌的婚俗。新娘下车后，足踏马杌，脚不沾地，以避邪祟之扰。贵州苗族有“背马刀提亲”的婚俗。青年男女相爱，经男女双方家中议婚三次之后，男方方式背马刀前往女方正式提亲。

江西东北部的畲族，流行一种传统舞蹈马灯舞，在春节或喜庆时举行。舞者一般由十三人组成，前面一人手提龙灯引路，紧跟着四个人分别提着一对鲤鱼灯和两只花篮，象征“鲤鱼跳龙门，鲜花开畲乡”，后面八个人身上各绑一盏马灯，作骑马状。

马发是旧时蒙古族少年的发式，流行于内蒙古土默特等地，象征吉祥。其发式为除头顶囟脑门上留一撮头发外，其余全部剃光。从婴儿出生后至十多岁，均留此发式，期间，每过一段时间剃剪一次。

8. 有关羊的民俗

羊为六畜之一。早在母系氏族公社时期，生活在我国北方草原地区的原始居民就开始选择水草丰茂的沿河沿湖地带牧羊狩猎。汉代许慎释字义说：“美，甘也。从羊从大。羊在六畜主给膳。”明末清初屈大均套许慎的模式，在《广东新语》中说：“东南少羊而多鱼，边海之民有不知羊味者，西北多羊而少鱼，其民亦然。二者少而得兼，故字以‘鱼’、‘羊’为‘鲜’。”（图 93）

图 93 羊 清代玉器

“羊”“祥”通假。西汉大儒董仲舒有云：“羊，祥也，故吉礼用之。”《汉书·南越志》记：“尉佗之时，有五色羊，以为瑞。”广州号称羊城，源于美好的传说：周夷王时，五个仙人骑着口衔六串谷穗的五只羊降临楚庭（广州古名），将谷穗赠给人们，祝这里永无饥荒。仙人言毕隐去，羊化为石。《广州记》则记：“战国时，高固为楚相，五羊衔谷穗于楚庭，故广州厅室、梁上画五羊像，又作五谷囊。”如今，广州市越秀山公园有五羊山，其上矗立着一座高 11 米的五羊石雕，是闻名海内外的城标雕塑。

哈萨克族、蒙古族和塔吉克族等民族流行“叼羊”的马上游戏。喜庆的日子里，人们在几百米外放一只羊，骑手们分成几队准备冲上前抢夺。一青年骑手持羊从马队中冲出来，后面的人紧紧追随，其中有人配合争夺羊，也有人保护羊，以叼羊到终点者为胜，取得胜利的人当场把羊烤熟，然后大家一起分享。

旧时，汉族民间有“送羊”的岁时风俗，流行于河北南部。每年农历六七月间，外祖父、舅舅给小外甥送羊，原先是送活羊，后来改送面羊。传说此俗与沉香劈山救母有关。沉香劈开华山救出生母后，要杀死虐待其母的舅舅杨二郎，杨二郎为重修兄妹之好，每年给沉香送一对活羊（羊与杨谐音），从而留下了送羊之风俗。另外，民间以每月初六、初九为羊日，青海藏民此日禁止抓羊。山东、湖北、江西则有谚语："六月六日阴，牛羊贵如金。"又以为属马、狗、鼠者忌羊日，属羊者忌鼠、牛、马、狗日。

白族民间有祭羊魂的风俗，在每年农历六月二十三举行。届时由老年牧羊人主持，祭时将羊毛毡挂在祭坛边树上，以求羊群不受野兽侵害。青海土族在婚礼举行当日，男方到女方家娶亲时，要送给女方一只洁白的母羊。母羊作为姑娘的替身，留在娘家繁衍后代，这只白母羊可给双方带来吉祥。（图 94）

图 94 羊希王 云南白族纸马

锡伯族民间有"抢羊骨头"的婚俗，流行于今新疆地区。婚礼之后，迎亲者爹娘在新郎、新娘之间的炕沿上放上一块羊大腿骨，双方姐妹兄弟聚于新房，迎亲一方的娘将拴有红线的两个酒杯放在盘里，迎亲一方的爹则拿着盛白酒和水的两只瓶子分别斟满酒，迎亲娘则迅速将两只酒杯换来换去，从而使两位新人分不清哪是水、哪是酒，然后让他们任选一杯，喝到酒的为大吉，接着要连饮三杯。之后，双方兄弟姐妹开始抢羊骨头。男方家人抢到羊骨头，认为是新郎勤劳能干，能养妻子，家庭美满幸福；女方家人抢到羊骨头，则认为新娘会持家，不会受气，家庭和睦兴旺。

新疆哈萨克族流行"羊头敬客"的交际风俗。新友到来，宰羊招待。吃饭时先端上熟羊头，羊脸朝向客人的位置，然后主人请客人用刀割羊腮肉献给在座的长者，后割一块羊耳给在座的幼者，再随意割一块给自己，然后将羊头盘捧给主人。另外，全羊是蒙古、哈萨克、柯尔克孜、塔吉克族等民族的传统佳肴。上席时，将大块羊肉放入托盘，摆成整羊形状，以羊头献客。

9. 有关猴的民俗

《搜神记》载："楚王游于苑，白猿在焉，王令善射者射之，矢数发，猿搏矢而笑。乃命由基，由基抚弓，猿即抱木而号。"这只白猿能够将射来的箭一一打掉，而且还在笑。当神箭手由基拿起弓时，白猿自知不妙，抱树而号。在这里，猿被人格化了，正如进化论告诉人们，人类是由类人猿转变而来的。

我国古人对猴子的观察是相当仔细的。三国时东吴有个叫万震的人写过一部《南州异物志》，其中有一段说："交州以南，有果然兽，其鸣自呼，身如猿，犬面，通身白色，其体不过三尺，而尾长四尺余，反尾度身过其头。视其鼻，仍见两孔，作仰向天。其毛长，柔细滑泽，色以白为质黑为文，视如苍头鸭。肩边班文集十余皮，可得一蓐，繁文丽好，细厚温暖。"透过这段文字，猴的形态跃然纸上。

汉族普遍认为猴为吉祥物。由于猴与侯谐音，在许多图画中，猴的形象表示封侯的意思。如一只猴子爬在枫树上挂印，取"封侯挂印"之意；一只猴子骑在马背上，取"马上封侯"之意；两只猴子坐在一棵松树上，或一只猴子骑在另一只猴的背上，取"辈辈封侯"之意。（图 95、图 96）

图 95 马上封侯 吉祥图案

图 96 辈辈封侯 吉祥图案

民间忌猴年，认为猴年收成不好，是灾年。俗语说："饥猴年，饿狗年，要吃饱饭是猪年。"

台湾地区高山族传统习俗中有猴祭。高山族卑南人十二三岁的少年入会时，禳灾纳吉的祭祀仪式，通常在十一月早稻收获后举行，为期十天，其中第三天杀猴，旨在崇尚武勇，培养少年胆识，是祭祀的主要仪式。祭祀期间，禁止女性进入会所。怒江流域的傈僳族一般在猴日、鼠日或龙日举行婚嫁，认为猴子、老鼠群居，数量发展快，传说婚嫁日在这些日子里举行，将来家庭人口兴旺，子女能做大事。

猴鼓舞是瑶族的审美习俗，流行于广西都安、上林、东兰等地区，在达努节时举行。届时人们戴起猴子面具并学习猴子走路、呼叫，学猴子争抢逗趣，象征感谢猴子对民族先人的帮助，表达对先人的纪念。

10. 有关鸡的民俗

春秋时代左丘明所著《国语·晋语四》记：“黄帝之子二十五宗，其得姓者十四人，为十二姓：姬、酉、祁……”十二姓反映了远古黄帝部落的十二个胞族，十二姓之中，唯独鸡是十二地支的成员。

古代计时器尚未发明，早晨的鸡鸣是向人们报告新一天的开始。它不仅是庄户人家的时钟，也是公共生活的时钟。战国时代，著名的函谷关的开关时间就以鸡鸣为准。落魄而逃的孟尝君，面对大门紧闭的关口，担心后面追兵到，食客中有会口技者，学鸡鸣，一啼而群鸡尽鸣，骗开关门。这个故事被司马迁写入《史记》，传为经典。（图 97）

古代汉族有“杀鸡”的岁时风俗，流行于浙江金华、武义等地。每年七月初七，当地民间必杀雄鸡，因为当夜牛郎织女鹊桥相会，若无雄鸡报晓，便能永不分开。（图 98）

图 97 鸡 清代翠雕摆件

图 98 雄鸡 汉代四川广汉三星堆出土铜器

土家族称踢毽子为“踢鸡”。春节时，男女青年一起踢“鸡”，一个将“鸡”踢起，众人都去争接，接到“鸡”的人，就可以用草去追打任何人。而男女青年往往用草追打自己的意中人。此后，“踢鸡”就成了谈情说爱的媒介。

农历十月初一，河南一些地方要杀鸡吓鬼。传说阎王爷放鬼，至来年清明节收鬼。民间以为鬼怕鸡血，鸡血辟邪，故于十月初一杀鸡吓鬼，以使小鬼不敢出来。俗语称“十月初一，杀小鸡儿。”

山东的一些地方有“抱鸡”的婚俗。娶亲时，女家选一男孩抱一只母鸡，随花轿出发，前往送亲。因鸡与“吉”谐音，抱鸡图的是吉利。另外，古时有一种留“长命鸡”的习俗。临近娶亲时，男方要准备大红公鸡一只，女方要准备一只肥母鸡，母鸡表示新娘为“吉人”。出嫁时女方所准备的鸡一定要由自己未成年的弟弟或其他男孩抱着，随花轿出发，并要在公鸡未鸣之前赶到男家。人们认为此时公鸡还在睡觉，而母鸡未睡，寓以气势压倒公鸡。

图 99 抱鸡 山东高密范祚信剪纸

然后，男方将公鸡交给抱鸡人，将公鸡、母鸡一同拴在桌腿上，并不时打公鸡，直到公鸡有气无力，这是妻子制服丈夫的象征。之后，这两只鸡不得杀掉，故称长命鸡。而在浙江一带有流行“宰鸡”的婚姻风俗。新郎去新娘家迎娶，女家则在地上铺一块白布，让新郎在上面宰鸡，鸡血不能滴在白布上，否则滴几滴就罚几杯酒。杀鸡时，女家故意相撞新郎，但有经验的新郎则能应付自如，不让女方得逞。（图 99）

云南大理地区的白族流行“鸡米礼”风俗。鸡米礼分鸡米单礼和鸡米双礼两种，单礼为一只公鸡和一坛米酒，双礼为两只大公鸡和一坛米酒、一坛谷种。这是嫡亲或姻亲之间在出生、结婚、盖房时互送的礼品。旧时，汉族和一些少数民族流行饮鸡血酒的交际风俗。结拜兄弟时为了表示亲如手足，有福同享、有难同当，当众宰一只雄鸡，在每碗酒里滴几滴鸡血，对天发誓，然后将血酒一饮而尽。

以鸡头敬客是壮族、水族的礼仪风俗，流行于广西地区。每当有贵客到家，热情好客的壮族、水族人往往要杀鸡打酒招待。菜上桌时，主人先夹个鸡头敬客人，鸡头象征“头领”“主帅”，客人的高贵。鸡是为招待客人杀的，客人理应接受鸡头。此俗可能与鸟图腾有关。而在广西武鸣、忻城、来宾、马山、都安等地的壮族，除了敬贵客以鸡头外还敬老人以鸡尖。他们以为，鸡尖象征温存、包涵、厚道，鸡尖肥而柔软，老人理当享用。如同桌有两位老人，则要把鸡尖劈成两半，以免互相推让。

俄罗斯族婚礼中有褥下放蛋之风俗，流行于新疆伊犁、乌鲁木齐、塔城、阿勒泰等地。婚礼当天，媒婆或新娘姨母要为新婚夫妇铺床，并在褥子下面放一个熟鸡蛋或木制彩蛋，象征早生贵子，婚后第四天新娘方可把蛋取出。若为熟蛋，就喂家禽；若为木制彩蛋，就把它珍藏起来。

11. 有关狗的民俗

旧时汉族民间有“赶毛狗”的节日风俗，“毛狗”即狐妖。相传狐妖于正月十五日群出拜月，扰害生灵。人们在这一天晚上搭毛狗棚，并放火烧掉，同时鸣锣击鼓放鞭炮，以送瘟驱邪。农历正月初二为汉民族的“犬日”。传说这一天，人们通过观天气阴晴来预测当年养狗是否兴旺，晴主福、阴主灾，届时人们对狗的喂养也比平时细心，以求犬类繁衍发展。

蒙古族有“射草狗”的仪式。人们将稻草扎成狗形，并用箭射，以消除不祥。（图 100）

江苏一带有“打狗饼”的丧葬风俗。传说，人死后要以七枚龙眼和面粉作球，悬系于死者的手腕上。人死后经过恶狗村时，用饼喂野狗，以确保顺利通过，故称打狗饼。

壮族的传统节日中有狗肉节，在每年的二月二十二或五月初五举行。传说狗有驱鬼辟邪之灵，该日为其显灵之日。而吃狗肉能使身体健康，延年益寿，所以在狗肉节时家家都要吃狗肉。

台湾地区汉族岁时禁忌有赤狗日，为农历正月初四。认为赤狗日不宜外出，不宜宴客，否则将会全年穷困。青海东部地区在农历正月初一流行“狗占”的占卜方式。人在吃饭前，先在盘中盛放各种食物让狗品尝，狗喜欢吃什么食物，说明什么食物在当年有望丰收，人们则根据“狗占”来判断新的一年该种的农作物。

图 100 张仙射犬 清代民间木版年画

12. 有关猪的民俗

猪又名“乌金”“黑面郎”及“黑爷”。唐代张鷟《朝野佥载》说，唐代洪州人养猪致富，称猪为“乌金”。唐代《云仙杂记》引《承平旧纂》：“黑面郎，谓猪也。”在华夏的土地上，早在母系氏族公社时期，就开始饲养猪、狗等家畜。浙江余姚河姆渡新石器文化遗址出土的陶猪，其造型与现在的家猪形体十分相似，说明当时对猪的驯化已具雏形。（图 101、图 102）

图 101 猪八戒背媳妇 陕西泥玩具

图 102 猪 陕西泥玩具

春节前，人们一般在腊月二十五日前杀猪，二十六日为封刀日，就不能再动刀了。浙江一带在杀猪时讲究“一刀清”，即一刀杀死，否则认为不吉利。进刀时，屠户要讲一句“出世入身”的话，小孩妇女不能观看。杀后要将沾有猪血的利市纸压在室角或猪栏内，以示猪未死。猪毛要用吹火筒盛，开水倒入桶后，把吹火筒的下端浸入汤桶，上端用口吹气，沿桶吹一圈，以示以后养猪长得又快又大。刮猪毛时，要在猪头和猪尾各留一块毛，意为“有头有尾”，然后将整条猪放在凳上，先是猪头朝外，养主烧香及猪毛谢天地，然后将猪剖成两片，除新年食用外，其余的腌入缸中，以备年后再用。

山东、天津、河北等地有“肥猪拱门”的节日窗花，用黑色蜡光纸剪成。猪背上驮一聚宝盆，张贴时左右各贴一张，表示招财进宝之意。（图 103）

陕西一带有送猪蹄的婚姻风俗。结婚前一天，男方要送给女方四斤猪肉，称为“礼吊”，并送去一对猪前蹄，女方收下“礼吊”后，将猪蹄退还，不能全部留下。婚后第二天，夫妻要携带双份挂面及一对猪后蹄回娘家，留下挂面，同样退回猪蹄，俗称“蹄蹄来，蹄蹄去”，寓意今后往来不断。

云南西双版纳的布朗族有送串猪肉的婚俗。婚礼当天，男女双方要杀猪宴客。除宴请外，还要将猪肉切成小块，用竹竿串起来分送各家，以表示“骨肉之亲”。

汉族有一种“打母猪鬼”的民间驱邪活动。传说家中有病灾不幸之事，由家中长者设香案，以打母猪鬼来祭，向神灵许愿，求得驱邪。祭时，要选黄道吉日，杀头老母猪，将其头、蹄、肝、肠、肺等放在一个筐里，摆在堂屋中间。主持人燃香祝拜，祭完后，将内脏煮熟后分吃掉。民间认为：“杀死一母猪鬼，驱除一个邪”。（图 104）

图 103 肥猪拱门 山东高密范祚信剪纸

图 104 猪 唐代绿釉陶器

云南佤族有“猪胆卦”的占卜风俗。杀猪后，根据猪胆判断吉凶，如果胆纹上下行，胆内水分多，为吉卦；胆纹左右行，胆内水分少，为凶卦。一般在有重大活动时才举行。

十二生肖的民俗活动植根于历史，为民众的生活增添了无穷乐趣。多姿多彩的民俗生活现象，不同地域特异的风俗习惯也因生肖文化的浸染而显得更加纷繁多姿。

六、生肖与故事传说

关于生肖的故事与传说流传下来的很多，这些故事与人们的生活有着千丝万缕的联系，是广大劳动人民的情感、想象以及各式各样希冀和祈求的体现，蕴含着中华民族特有的社会文化理念。

1. 有关鼠的故事传说

鼠是一种古老的动物，甲骨文中的“鼠”字为象形字，上半部分像鼠嘴、鼠牙，下半部分描绘鼠腹、鼠爪、鼠尾。安徽曾出土过距今5500万年的鼠类化石。（图105）

图105 鼠 甲骨文

中国人历来都对鼠有反感心理，但对“鼠年”的评价却很高。旧俗中传统的说法是，鼠年是富足的，它给人们带来的是机会和好年景。这一年适宜做生意，容易发财，也容易积蓄财富。

《抱朴子》云：“《玉策记》称：鼠寿三百岁，满一百岁则色白，善凭人而卜，名曰仲。能知一年吉凶及千里外事也。”以老鼠预知吉凶，这无疑使老鼠的身价倍增。晋郭璞写了许多赞鼠的诗作，其中有：“有鼠豹采，厥号为乳，厥号为鼮。汉朝莫知，郎中能名。赏以束帛，雅业遂胜。”“鼯之为鼠，食烟栖林。载飞载乳，乍兽乍禽。皮籍孕妇，人为大任。”“或以尾翔，若以髯凌。飞鼠鼓翰，倏然皆腾。用无常所，唯神斯凭。”有了这些赞语，鼠类在生肖中就显得十分光彩了。

但也有许多故事是讲老鼠不光彩的一面，以及所干的那些鬼鬼祟祟的勾当。《搜神记》中有个故事，说的是浮于智精通八卦，高平人刘柔夜晚睡觉时，有鼠咬他的中指。刘问浮于智何故，浮于智占卜后说此鼠是来行刺，嘱刘柔在手腕上用朱笔写个寸余大的“田”字，睡觉时将手袒露于外，结果“有大鼠伏死于前”。（图106）

还有的故事讲的是老鼠披上人皮，跟人捣乱。《潇湘录》记，唐万岁登封（通天）年间，长安道上有一群强盗“昼伏夜出”，杀人越货。一道士路过此地，深夜用一古镜守候。不久，

图 106 老鼠告状（局部） 清代河北武强木版年画

见一帮全副武装的少年走来。道士用古镜一照，这帮少年便丢盔弃甲，仓皇逃去。道士穷追不舍，至一大穴，唤人挖掘，掘出百余条大鼠。从此，长安道上的匪患也就平息了。

还有老鼠勾引良家女子的故事。《广异记》：有一户人家，忽然一天女儿丢失，找了一年也未得下落。一天，忽听地下有婴儿啼哭声，顺一小孔挖掘下去，洞越来越大，只见女儿抱一婴儿，旁边有一如斗大的秃鼠。原来女儿被鼠迷惑，成了鼠妻。家人杀了秃鼠及婴儿，女儿却仍执迷不悟。

民间流传着“老鼠嫁女”（老鼠娶亲）的故事。鲁迅先生就曾说过，老鼠嫁女是具有世界意义的民间童话。据说，有一对年迈的老鼠，膝下无子，只有一个很有姿色的女儿。女儿到了待嫁的年龄，老鼠夫妇悄悄商量说，咱们住在阴暗潮湿的黑洞里，时刻担惊受怕，多没意思，说什么也不能让女儿再过这种没意思的日子了，应该攀一门有权有势的亲家做靠山。于是，它们首先想到应该把女儿嫁给太阳，因为太阳光照四方，万物生长都离不开它。谁知，太阳听后却惭愧地说：“我不行，只要乌云一来，我就会被它遮住，你们的女儿还是嫁给乌云更保险。”老鼠夫妇又去找乌云，乌云听后也摇摇头，叹口气说：“虽然太阳怕我，可我还怕大风，只要大风一吹，我就得赶快逃跑。你们的女儿要是嫁给我，那就麻烦了。”老鼠夫妇一听，这可不行，怎么能将女儿嫁给禁不住风吹的乌云？于是，它俩又去找大风，可大风却说：“我也不行，遇到墙一阻挡，就无法行走了。”两口子无奈，只好气喘吁吁地又去找墙。墙一听不禁哈哈大笑，说：“你们还是找错人了，我虽然能挡风，可是还怕你们呢，只要你们一打洞，我就会垮的。”就这样，老鼠夫妇找了一圈，结果还是给女儿找回了老鼠自己，老两口懊丧极了。不过，在懊丧之余，却突然从中受到了启发：那么老鼠又怕谁呢？怕猫！可见猫是最有权势的了。最后，老鼠夫妇就去跟猫商量，请它来做自己的女婿，猫极为痛快地一口应允了。于是，一群老鼠吹吹打打，用花轿抬着把鼠新娘送到猫家。可它们怎么也没想到，等待老鼠新娘的是一场大悲剧，它竟被猫新郎一口吞到肚子里去了。（图 107）

从故事的角度看，“老鼠嫁女”的故事很美，结构简洁完整，情节也比较合理，虽然讲的是老鼠，实际上是表现了中国人的想象和智慧。尽管这是老鼠的悲剧，并且这一悲剧是由虚荣而导致的灾难，但其中还是包含着几分哲理。

图 107 老鼠娶亲 清代山西新绛三裁印本年画

2. 有关牛的故事传说

中国自古以农立国，而耕牛始终是劳动人民的伙伴。牛年是农畜兴旺的好兆头，人们一提起牛来，总爱在前边冠上一个“老”字，体现了对牛的亲切，可见劳动人民对老牛是有着特殊的深厚感情的。

相传春秋时齐国大夫宁戚著有《相牛经》，根据牛的形貌判别牛的性能及优劣，颇似人类的相面术。（图 108）

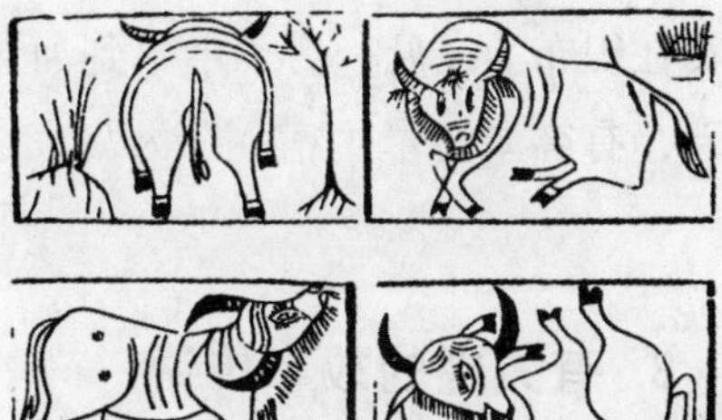

图 108 《相牛经》插图（局部）

在中国的历史上，牛与战争有直接的关系，它们曾披挂上阵，攻池陷城。《史记》载：“骑却即墨，田单取牛千头，衣以五彩，束矛其角，缚火其尾，穿城而出牛，壮士五千，衔放随其后。牛出火明，所触皆死，壮士因击之。城上士大噪，燕师大败，骑劫死。乘胜追北，三战之剋，遂收齐城。”另外，形形色色的神牛引出形形色色的神话故事。《秦惠王本纪》载：“秦惠王欲伐蜀，乃刻五石牛，置金其后。以为此天牛也，便使金，蜀王以为然。即发卒千人，使五丁力士拖牛成道，致三枚于成都。

秦得道通，石牛力也。后遣丞相张仪等随石牛道伐蜀。”

人们熟悉的牛郎织女的故事，也与牛有关。织女星同牵牛星被银河阻隔，离别的哀愁使她织不成布帛，洒下如雨的相思泪。相传鹊桥相会在七夕，一年一度，人们对天上的别离寄予很大的同情。如果这一日降雨，人们就会说那是“相见时难别亦难”的泪水。（图 109）

图 109 牛郎织女 清代河南朱仙镇木版年画

《博物志》记，相传大海与天河相通，海岛上有人发现年年八月有木筏漂来，随后又漂浮回去。有一次，这个人坐上木筏，随筏漂流近三十天，漂至一条大河，岸边楼阁富丽，妇女在织布。又见一男子牵牛到河边饮水。海岛人记住日期，返回后问卜人，卜人答：“那一天，有客星犯牵牛宿。”海岛人方知自己到了天河，所见牵牛者正是天上的牵牛星宿。

3. 有关虎的故事传说

虎被称为百兽之王，是威严与权力的象征（图 110）。

《搜神记》载：“长沙有民鲁作槛捕虎，忽见一亭长赤帻大冠在槛中。因问其故，亭长怒曰：‘昨被县召，误入此中耳。’于是出之，乃化为虎而去。”这个故事说的是虎陷入人的囹圄中，然后托以人身而逃命。

图 110 虎、树、几何图纹 战国 · 河南画像砖

苏州有著名的虎丘山，相传吴王夫差葬其父阖闾于此，葬后三日，有白虎踞其上，故名。杭州西湖有“虎跑泉”，传说唐代有一高僧居此地，苦于无水。忽一日，有二虎跑至此地作穴，于是泉水涌出，泉水甘洌醇厚，用以泡龙井茶，更为沁人心脾。

有个故事说的是一个老太婆去官府告状，说老虎吃了她的儿子，致使她无人赡养，快要饿死了。官员于是命老虎出庭，裁决老太婆从此以后由这只老虎供养，老虎果然这样做了。还有个发生在唐乾元初年的故事，吏部尚书张镐把女儿德容许配给裴冕的儿子越客，相约来年成婚。不料尚书被贬，尚书以为女婿来年未必赶到。到了迎娶那一天，越客如约前往，未到岳父家，有一猛虎将尚书之女从尚书家衔往越客旅居之处，两人遂结成连理。后来，贵州、陕西一带民间往往建筑“虎媒祠”以作纪念。凡到虎媒祠跪拜的青年男女，过不了多久定会得到心爱的伴侣。

据说，春秋时期楚国令尹子文是个私生子，被遗弃于云梦，由老虎哺乳长大成人，取名於菟，於菟即老虎（图 111）。

图 111 虎 宋代瓷器

4. 有关兔的故事传说

卯，《说文解字》：“冒也。二月万物冒地而出，像开门之形，故二月为天门。”

兔可以用来代称月亮。四川郫县新胜东汉晚期墓石棺画有一幅画面为伏羲、女娲人首蛇身，各举日、月轮，日中有金乌，月中有玉兔，日月中间为羽人。这是迄今为止发现的年代较早的月中玉兔图画（图 112）。

图 112 伏羲女娲 汉代四川出土画像石

“守株待兔”的寓言故事，是人们十分熟悉的。《战国策》中还有一个有关犬与兔的故事，其言曰：“齐欲伐魏，淳于髡谓齐王曰：‘韩卢者，天下之壮犬也；东郭魏者，天下之狡兔也，韩卢逐东郭，环山者三，腾山者五，兔极于前，犬疲于后。’田父见之，无劳倦之苦而擅其功。”此故事的含义略同于“鹬蚌相争，渔人得利”。

隋朝时，汲郡临河有一个叫华秋的人，自幼丧父，对母很孝顺，远近闻名。他家中贫困，华秋就跑去当仆人以养其母。他母亲死后，悲伤得头发都脱落了，仍在其母亲的墓侧结庐守孝。大业之初，皇上调集狐皮，各郡县就大兴猎风。一天，一只兔子被猎人追逐，跑进华秋的住处，躲藏起来，幸免于难。从此以后，这只兔子常常在华秋的草庐中宿住，在华秋面前显得很温顺。当时郡令听说此事，知道兔子是为华秋孝顺所感动而跟随华秋的，于是就下令嘉赞华秋。

在所有关于兔子的神话传说中，以“玉兔捣药”最为经典。傅玄《拟天问》云：“月中有何？白兔捣药，兴福降祉。”古《乐府歌诗》云：“采取神药山之端，白兔捣成蛤蟆丸，奉上陛下一玉杵。”以后又有嫦娥、吴刚做伴，遂又演化成更多美丽的传说。（图 113、图 114）

图 113 玉兔捣药 汉代安徽淮北画像石

图 114 玉兔捣药 汉代安徽淮北画像石

5. 有关龙的故事传说

龙的种类很多，《广雅》云：“有鳞曰蛟龙，有翼曰应龙，有角曰虬龙，无角曰螭龙。”神话传说中的龙常成为帝王及仙人们的坐骑。《汉武内传》曰：“王母乘紫云之辇，又驾九色之斑龙。”

龙是虚构的动物，所以它的行动极为自由，上天入地，无所不能。龙又是一种神秘的宝物，不易显现，即使显现也见头不见尾。龙的出现，是天下太平的征兆，它被视为最大的吉祥物。

传说，唐朝时一位读书人叫柳毅，在上京考试的路上曾为牧羊女传书。到了龙宫，才知道牧羊女为洞庭龙君的小女，因误嫁匪类，被泾川龙子所困辱。

龙女的叔叔钱塘龙知道龙女的遭遇后很愤怒，亲自前去救龙女。龙女回到龙宫后，龙君想把她嫁给柳毅。柳毅不敢接受，只能婉言谢绝。龙王只好拿一些珠宝送给柳毅，以报答救女之恩。

柳毅回家后，娶张氏为妻，不久张氏死去。又娶韩氏为妻，韩氏不久也身亡。于是，再娶范阳卢氏为妻。娶卢氏一个多月后的晚上，柳毅回来得晚，进门时，发现卢氏与先前所见的龙女很相像，只是觉得比龙女要逸艳丰满。于是就试着把以前的经历告诉卢氏，看她反应如何。卢氏听后就说：“我就是洞庭龙君的女儿。”

成书于明隆庆至万历年间的《封神演义》系许仲琳所作。该书第十二回“陈塘关哪吒出世”即以哪吒与东海龙王争斗的故事为主线。故事写商纣时期陈塘关总兵李靖的幼子哪吒学道于太乙真人，一日偶至东海口上的九湾河边用师傅所赠法宝七尺混天绫洗澡，哪知“摆一摆，江河晃动；摇一摇，乾坤动撼……不觉那水晶宫已晃得乱响”。由此，得罪了东海龙王敖光。哪吒与前来问罪的龙王三太子敖丙的对话很有趣，“敖丙曰：‘孤乃东海龙君三太子敖丙是也。’哪吒笑道：‘你原来是敖光之子，你妄自尊大。惹恼了我，连你那老泥鳅都拿出来，把皮也剥了他的。’……哪吒抢一步赶上去，一脚踏住敖丙的颈项，提起乾坤圈，照顶门一下，把三太子的元身打出，是一条龙，在地上挺直。哪吒曰：‘打出这小龙的本相来了，也罢，把他的筋抽去，做一条龙筋绦与俺父亲束甲。’”后来，龙王到天宫向玉帝告状，又被哪吒拦住痛打说：“哪吒看见敖光在此等候，心中大怒，撒开大步，提起手中乾坤圈，打敖光后心一圈，打了个饿虎扑地，跌倒在地。哪吒赶上去，一脚踏住后心……拎起拳来，或上或下，乒乒乓乓，一气打有一二十拳……古云：‘龙怕揭鳞，虎怕抽筋。’哪吒将敖光朝服一把拉去了半边，左肋下露出鳞甲，哪吒用手连抓数把，抓下四五十片鳞甲，鲜血淋漓，痛伤骨髓。敖光疼痛难忍，直叫‘饶命！’”。（图 115）

图 115 哪吒闹海 清代河南朱仙镇木版年画

神话中有龙的王国，即所谓龙池。《括地图》曰：“龙池之山，四方高，中央有池，方七百里，群龙居之；多五花树，群龙食之。”《荀子》曰：“积水成川，蛟龙生焉。”因此，对于龙的生存来说，水是最为重要的。

6. 有关蛇的故事传说

古人眼里，蛇的生活习性充满着难解的奥秘：它无足，却能疾行如飞；它身体柔软，能够伸缩自如、缠绕盘旋；它身体细小，却能瞬间致庞然大物于死地；它每隔三个月便要蜕一次皮，蜕皮后身躯便会长大；它的行动能预示天气变化。因此，也就出现了许多有关蛇的神话传说与故事。（图 116）

在神话传说中，蛇的形象、习性十分怪异多变。

图 116 蛇 · 传世 山东高密范祚信剪纸

《方中记》曰：“东海有蛇丘，地险多渐洳。众蛇居之，无人民。蛇或人头而蛇身。”

《朝野佥载》曰：“岭南有报冤蛇，人触之，即三五里随身，即至。若打杀一蛇，则百蛇相集。将蜈蚣自防乃免。”

《室中记》曰：“昆仑西北有山，周回三万里，巨蛇绕之，为长九万里。蛇常居此山，饮食沧海。”

《格致镜原》卷九十九引陈鼎《蛇谱》曰：“人蛇，长七尺，色如墨。蛇头蛇尾蛇身，尾长尺许，而人足人手，长三尺，人立而行，出则群相聚，遇人辄笑，笑已即转噬，然行甚迟，闻其笑即速奔可脱。”多么可怕的“人蛇”啊！

还有一种“唤人蛇”。清代俞樾《茶香室丛钞》卷二十三引陈鼎《蛇谱》曰：“唤人蛇长丈余，至数仞，广西近交趾山中有之。伏草莽间，遇行旅过，辄大呼曰：‘何处来？哪里去？’只此六字，甚清楚，音同中州。不知者误应之，虽去隔数十里，蛇必至，至则腥风拥树，排挞而入，否应者去，人莫能制之。”

以上种种灵异精怪的传说，充分说明了人们从内心深处对蛇的崇敬惊惧之情。（图 117）

关于蛇，还有许多五花八门的故事。

贾谊《新书》曰，“孙叔敖之为儿，出游还，忧而不食。其母问其故，泣而对曰：‘今旦见两头蛇，恐死。’母曰：‘今蛇安在？’曰：‘闻见两头蛇者死，恐他人复见之也，已杀而埋之。’母曰：‘无忧，汝不死矣，吾闻之，有阴德者，天报以福。’”

《晋书 · 乐广传》中说：乐广一次请客吃饭，挂在墙上的弓照在酒杯里。有个客人以为是蛇，回去后老是不放心，因而得病。乐广知道后又把那位客人请回来，还在原处吃饭喝酒，让他知道杯中蛇影的真相，这个客人的病也就好了。这也是成语“杯弓蛇影”的故事。

图 117 巴蛇吞象 清代萧云从《离骚图 · 天问》插图

民间有一个家喻户晓、感人至深的蛇女故事，即《白蛇传》。故事描写的是杭州青年许仙在西湖偶遇美丽的白娘子和小青，因同舟避雨与白娘子产生感情，并结成良缘。后来，镇江金山寺的长老法海云游至此，告诉许仙那白娘子乃是蛇精，并教他令妖精显形之法。许仙照此行事，见妻子原形后惊吓过度，命在旦夕。白娘子为了救丈夫的性命，冒死去盗仙草，后感动神仙并救活了许仙。此后，许仙又被法海掳走，扣留在金山寺。为了救回丈夫，白娘子和小青水漫金山……最终白娘子被镇在西湖雷峰塔之下。数百年来，白娘子的传说吸引了千千万万的读者，以白蛇和青蛇为原型的白娘子和小青一直深受人们的喜爱（图 118）。

图 118 金山寺 清代河北武强木版年画

7. 有关马的故事传说

出类拔萃的马叫千里马。《战国策 · 燕策》中已有记载。郭隗向昭王论说人才问题，拿千里马打比方，讲了千金求骏马、五百金买骏马骨的故事。故事说："古之人君，有以千金求千里马者，三年不能得。涓人言于君曰：'请求之。'君遣之。三月得千里马，马已死，买其骨五百金，返以报君。君大怒：'所求者生马，安事死马而捐五百金？'涓人对曰：'死马且买之五百金，况生马乎？天下必以王能市马，马今至矣。'于是不能其年，千里马之至者三。"（图 119 至图 122）

图 119 五马图卷（局部之一） 宋代李公麟

图 120 五马图卷（局部之二） 宋代李公麟

图 121 五马图卷（局部之三） 宋代李公麟

图 122 五马图卷（局部之四） 宋代李公麟

既然人们向往好马，也就有了相马术。《相马经》：“伯乐曰：马头为王欲得方，目为丞相欲得明，脊为将军欲得强，腹为城郭欲得张，四下为令欲得长。眼欲得高匡，鼻孔欲得大，鼻头有王火字。口中欲得赤，膝骨贞而强，耳欲得相近而前竖，小而后。凡相马之法，先除三羸五驽，乃相其余。大头小颈一羸，弱脊大腹二羸，小颈大蹄三羸。其五驽者，大头缓耳一驽，长颈不折二驽，短上长下三驽，大胳短肋四驽，浅髋薄髀五驽。”（图 123）

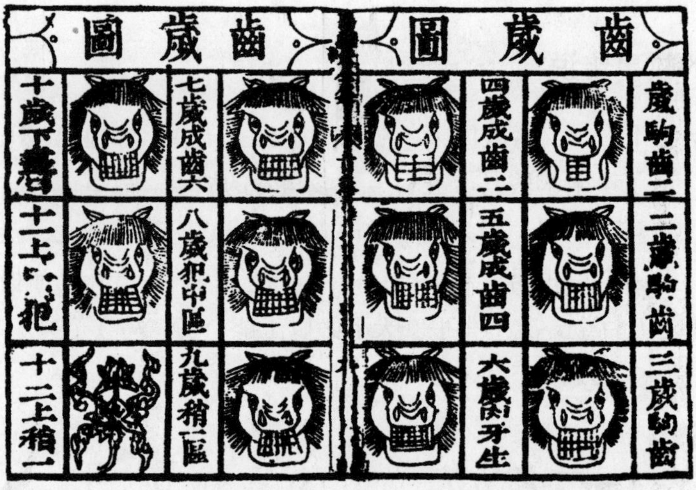

图 123 《马经·齿岁图》插图

在古代神话传说中，关于千里马、神马、天马的记载很多。其中，天马行空，这种观念代表了中国人特有的潇洒气度。据说，大禹的父亲鲧原系天上白马，是黄帝的孙子。黄帝生骆明，骆明生白马，白马就是鲧。

马有灵性。秦朝时，为防备胡人，秦人在武周塞里面筑城，很多次都是城要筑好时就崩塌了。正当无计可施的时候，有一匹马奔来，反复围绕着一个圈子打转。当地人觉得奇怪，就依照马跑的蹄印去筑城，筑好的城竟不再崩塌了。于是，人们把筑好的城叫“马邑”。

相传，明朝总兵李成梁要抓努尔哈赤以送京师处死，其三夫人同情努尔哈赤，将消息告诉了他。努尔哈赤连夜骑大青马、二青马出逃。李成梁发现后，派兵急追，两匹青马为救努尔哈赤而累死。努尔哈赤称帝后，建国号“清”，就是为了纪念大青马、二青马。

8. 有关羊的故事传说

羊是一种温顺的动物，在人类生活中，它几乎成了柔弱和善良的象征。但在神话传说中，也有些羊显得非常奇怪。例如，一角羊，《龙鱼河图》曰：“羊有一角，食之杀人。”驴羊，《广志》曰：“驴羊似驴。”飞羊，《春秋命历序》曰：“有人黄头大腹，出天齐政，三百四岁为神次之，号曰皇神，出淮，驾六飞羊。”奇大羊，《酉阳杂俎》曰：“僧玄奘至西域，大雪山高岭上有一村，养羊大如驴。”

六朝鬼故事中常有羊的形象出现，有时鬼的原形正是羊。《搜神记》曰：“南阳宗定伯夜行，忽逢一鬼。鬼问伯为谁，伯欺之曰：我亦鬼也，遂为侣。向宛行倦，因相担，问鬼曰：何畏？曰：鬼唯不喜唾耳。欲至宛，便担鬼著头上。诣宛市，鬼化为羊，伯恐其变，遂唾之，卖得钱千五百。”

“苏武牧羊”的故事人人皆知，它已成为爱国守志、忠贞不屈的象征。苏武是西汉杜陵人，以中郎将身份出使匈奴，不料被囚。匈奴单于胁迫其投降，苏武不从，被流放到北海牧羊，历时十九载。苏武持汉节，渴饮雪而饥食草，矢志不渝，直到昭帝与匈奴和亲，才得以归汉。（图 124）

图 124 苏武牧羊 清代任伯年

有一则人化为羊，而羊通人性的故事。《神仙传》云：“曹公收左慈，慈走入群羊中，失慈之所在。追者疑化为羊，乃令人数羊。羊本千口，拣之，长一口，知果化为羊，乃谓曰：若是左公者，乃出，无苦也。有一羊跪云：讵如许。追者欲执之。于是，群羊皆跪曰：讵如许。追者乃去。”

《神仙传》中还有一则故事：“黄初平者，丹溪人也，年十五，牧羊，有道士将至金华山，其兄初起，行索初平，历年不得。见市中有道士，乃随求弟，相见语毕，问羊何在。平曰：羊近山东。兄往视，但见白石。平言叱叱羊起，于是白石皆起，成数万头羊。”

9. 有关猴的故事传说

在十二生肖中，猴与人是最相似的，它的行为举止也多与人相仿，因而神话传说中的猴与人类来往自如，似乎没有什么阻隔。《搜神记》中记述了一只猴子盗取人间妇女为妻的故事。故事说："蜀中西南高山之上有物与猴相类，长七尺，能作人行，善走逐人，名曰猳国，一名马化，或曰玃。伺道行妇女，年少辄盗取将去，人不得知。若有人经过其旁，皆以长绳相引犹，故不免。此物能别男女气息，故取女，男不知也。若取得人女，则为家室，其无子者，终身不得还。十年之后，形皆类之，意亦惑，不复思归。若有子者，辄报送还其家，产子皆如人形。有不养者，其母辄死，故惧怕之，无敢不养。及长，与人不异，皆以杨为姓。故今蜀中西南多姓杨，皆是猳国马化之孙。"（图 125、图 126）

图 125 猴吃桃 陕西布玩具

图 126 猴吃桃 陕西布玩具

有一个"人貌狙心"的故事，说纪国的国君喜欢猴子，派了一个叫脱士省的驯猴师去教它们。脱士省用人的形象装扮猴子，给它们戴上九山高帽，穿上饰绘云霞的衣裳，穿着绣有鸾凤的鞋子。猴子登堂下阶、进退揖让，和人一模一样；行礼站立、坐卧下跪，也和人完全相似。驯猴师以为猴子已被驯好，便把它们进献给纪君。纪君看后很高兴，便举起酒杯请猴子喝酒。猴子们喝完酒，竟然蹦跳腾跃起来，撕破了帽子和衣裳逃跑了。

猴子有一劣性，就是爱糟蹋庄稼，所过之处，必定一片狼藉，不可收拾，虽然令人头痛不已，却又无可奈何。

会稽山（今浙江绍兴市南）一带的平地上多种植豆类、麦子，猴子时常成群结队地前来捣乱践踏，农民深受其苦。山下有一天衣寺，寺僧法聪和尚目睹猴子作孽，决心想出一法治治它们。他请人捕来一只体格健壮的老猴，用衣服被巾将其裹住，又以细针密线缝了个严严实实，只露出两只眼睛，无论老猴子怎么蹦跳也挣脱不了。等猴子们又来捣乱时，法聪和尚就将老猴放出，老猴披着衣服被巾在猴群中乱跳，企图挣脱束缚，而众猴见一怪物冲入阵来，均大惊失色，畏惧而逃。老猴见同类不来救它，反而自顾跑开，大怒，追之不舍。众猴逃得越急，老猴追之越紧，一路烟尘滚滚，越跑越远，一日竟跑出数百里地。从此，这一带的猴子之害就止息了好长时间。

传说在遥远的古代，有两种猴子，一种是遍身白毛、长尾巴，一种是遍身红毛、短尾巴。

它们同住在大森林中，有一天，一只红毛短尾巴猴子把自己身上的毛拔下来，放在一块大岩石上，举起石头狠劲地敲打，竟然敲出火来。它把弄来的食物烧熟了吃，觉得香美无比，以后就再不吃生的东西了。从此，短尾巴猴的身上就不长毛了，尾巴也越来越短，最后完全消失，变成了人。而那长尾猴却不懂得这些，只能继续生活在大森林里。

另有一则“猴急生智”的故事。唐代，在古田县的一座村落边有一片杉树林，聚集着数百只猴子。村里人讨厌猴子与他们为邻，一日带着工具准备砍去树林，杀了那些猴子。众猴措手不及被围困起来，眼看生活乐园即将被毁，性命也保不住，不禁惊惧万分，乱跳乱叫。忽然，有一只老猴子奋力冲出人围，奔至村里一家屋内，以灶内之火纵火焚屋，霎时风助火势，浓烟滚滚。村里人正待围杀猴子，忽有人喊：“村里着火了！快去救火啊！”众人大惊，撇下猴子，赶快奔回村中灭火。众猴侥幸脱险，欢呼雀跃一阵，赶紧逃往别处另寻家园。

10. 有关鸡的故事传说

打鸣，是雄鸡的本能，也是鸡的最鲜明特征。古人将这一特征附会到阴阳五行，认为鸡鸣带来日出，故属阳，属火。《春秋话题辞》曰：“鸡为积阳，南方之象，火阳精，物炎上，故阳出鸡鸣，以类威也。”

雄鸡具有五德：头顶红冠，文也；脚踩斗距，武也；见敌能斗，勇也；找到食物能召唤同伴来吃，仁也；守信按时报告时辰，信也。

雄鸡善斗，目能辟邪，所以被作为辟邪的吉祥物而受到人们的欢迎。（图 127）

相传桃都山上有一棵大桃树，盘屈三千里。桃树上有一只天鸡，日初出时阳光照在桃树上，天鸡就鸣叫。天鸡一叫，天下的雄鸡就都跟着鸣叫。天鸡脚下有两位神，一名郁，一名垒，手中都拿着苇索，专杀不祥之鬼。

这大桃树相当于扶桑，是太阳神树，神话学上也称为“宇宙树”。太阳刚出来，就照到这棵树，这反映原始人利用大树做“坐标”，用以测量太阳的相对位置的“原始计时法”。

浙江舟山旧时有一个习俗：每年除夕那天，家家户户杀猪宰羊，唯独不杀鸡，这是怎么回事？（图 128）

相传明朝末年，鲁王逃到舟山，当时辅

图 127 金鸡报晓 清代山东潍县木版年画

图 128 金鸡 河北泥模玩具

佐鲁王的是舟山刘家岙人张名振。张名振是抗清名将，他的五个儿子也都是虎将。清兵对张名振早已恨之入骨，但是又十分惧怕。

一个除夕的晚上，清兵趁张名振带兵远出攻打松江之机，突然袭击定海城。负责守城的安洋将军刘世勋用诈降计失败，清兵破城蜂拥而入，逢人就杀。他们还约好，一直杀到第二天鸡叫为止。就这样，清兵疯狂屠杀了舟山无辜百姓一万八千多人。当清兵杀到刘家岙时，忽然传来了芦花雄鸡的叫声，清兵以为天亮了，就放下了屠刀，这样总算保住了舟山最后六户人家。其实，鸡叫的时候离天亮还有一会儿，因为鸡的提前鸣叫，才使舟山六姓刘、赵、郭、朱、陈、王得以保留下来。

为了感谢鸡的救命之恩，舟山人约定，大年除夕那天不杀鸡。此后，除夕不杀鸡就相沿而成了一种特有的海岛风俗。

另有一则故事，讲的是春秋时期秦穆公在位时，陈仓有人在农田挖出一件怪物，说它是羊又不像羊，说它是猪而又不像猪。那人决定将其带到京城献给穆公。半路上，遇见两个小孩，他俩见了说："嗨！那不是常在地下吃死人脑子的老妖婆吗？只要把柏树枝插在她的头上，她就没命了。"怪物一听，忍不住开了口，果然是老婆子的声调："呸！别听这两个畜牲瞎扯！他们是两只宝鸡，抓到雄的可以称王，抓到雌的可以称霸。"那人听了这话，连忙丢下妖婆去抓这两个孩子。小孩见势不妙，掉头就逃。那人紧追不放，眼看就要追上。但见那两个孩子忽然变作两只山鸡，扑啦啦地飞进了树林。那人无奈，只好将这一情况如实报告了秦穆公。穆公闻讯马上派出大批人马围捕，不料宝鸡混入真的山鸡中间无法区分。有人献计用火烘烤以驱赶真鸡，穆公终于捉住了宝鸡中的那只雌鸡。不过，它随即又化作一块石头。穆公派人将石头恭恭敬敬地放置在陈仓的城郊，专门建了祭坛来祭奠它，求它为秦国降福。过了几年，秦国果然称了霸，秦穆公也因此而成为春秋"五霸"之一。由于这宝鸡是在陈仓出现的，所以人们就把那座祭坛叫作"陈宝祠"，又因为那只宝鸡是雌的，所以又称为"宝夫人祠"。秦穆公没有抓到的那只雄宝鸡飞到了南阳一带，隔一年半载就会飞回陈仓与"宝夫人"相会。据看到的人说，那只雄宝鸡来时，雷声隆隆，就像一颗流星一样忽地一下从天而降。到了唐朝，发现宝鸡的陈仓正式改名为"宝鸡"，这个名称一直沿用到今天。

11. 有关狗的故事传说

关于狗，最古老的传说恐怕要数槃（盘）瓠了。《汉书》曰：“帝高辛氏有狗名槃瓠，其文五色。时犬戎兵强，乃募能得犬戎吴将军首者，赐以少女。槃瓠得之，于是随槃瓠升南山产子，男女十二，自相夫妻，兵工繁盛也。”盘瓠的故事在一些少数民族中也广泛流传，很可能是上古神话有关创世之说的一种。

狗可御凶。传说阴山有天狗，状如狸而白首。秦襄公时，有天狗来到白鹿原的狗枷堡。凡是有偷贼，天狗就大吠护堡，整个狗枷堡因此平安无事。

狗不但能防贼，而且能驱赶妖魔鬼怪。驱魔降怪使世界保持安宁的二郎神身边的同伴就是狗。

三国时，襄阳纪南人李信纯饲一狗，名“黑龙”。李信纯对黑龙很宠爱，行则相伴、食则分肉。有一天，李信纯在城外喝酒大醉，回不了家，只能在野草丛中睡下。那时刚好是太守郑瑕出城打猎，见田野荒草很深，便派人放火焚烧。

李信纯睡的地方，恰恰顺着风的方向。狗见火已烧过来，便用嘴巴扯主人的衣服，李信纯还是没醒。他睡的地方附近有一条小溪，狗立即奔过去，跳进水里弄湿身子，又跑到主人睡的地方。狗来回用身上的水洒在周围，使主人幸免于难。狗因来回运水困顿疲乏，以致死在主人身旁。

李信纯醒过来时见狗已死，而全身的毛都是湿的，很感惊讶。在观察了火燃烧所留下的痕迹后，他才明白怎么回事，于是痛哭了一场。

这件事传到太守那里，太守怜悯这条狗，说：“狗的报恩超过了人！”随即命令准备棺木一副把狗埋葬了，并在墓上竖了一块“义犬冢”的墓碑。（图 129）

图 129 义犬救主 清代河北武强木版年画

狗之所以为人们所喜爱，一个重要的原因就是它对主人忠心耿耿。但是，传说中的狗并不都是与人为友，有时狗也害人。《搜神记》曰："庐山下有亭，每过宿者，或病死。常去有十许人，男女各杂衣，或白或黑，辄来为害。有郅伯夷者，过宿，明烛而坐诵经。至中夜，忽有十余人来，与伯夷并坐蒲搏，伯夷密以镜照之，乃是群犬。因执烛起，阳误以烛烧其衣，作燃毛气。伯夷怀刀，捉一人刺之，初作人唤，遂成死犬。余悉走去。"

12. 有关猪的故事传说

神话传说中猪常被视为有灵性的动物。《伽蓝记》曰："后魏植货里有太常民刘胡四人，以屠为业。永安年中，胡杀猪，猪忽唱'乞命'，声及四邻。邻人谓胡兄弟相斗，来观之，乃猪也。胡即舍宅为归觉寺，合家人道焉。"

《后汉书·朱浮传》有"辽东豕"的典故，讲辽东养猪均黑色，偶有猪仔白头，视为奇异。等到了河东一看，有群猪皆白。十二支中，亥属水，方位北，色黑。传说有一种叫并封的双头神兽，样子像猪，黑色，前后都有头。（图 130）

另外，中国的古典文学中有不少是说猪的形象的。别的不谈，只一个猪八戒就是一个说不完、道不尽的故事。猪八戒可以说是一个神、人、猪三位一体的神奇动物，他本是上界天蓬元帅，只因酒后调戏嫦娥犯了天条，被贬入下界，错投猪胎。他在人间兴风作浪，在高老庄强娶民女为妻，直到碰上唐僧和孙悟空，上演了一幕"猪八戒背媳妇"的喜剧，后来被孙悟空收服，一道赶赴西天取经，最终得成正果。另外，还有"猪八戒吃西瓜""猪八戒智激美猴王"等，也是流传很广的故事。（图 131）

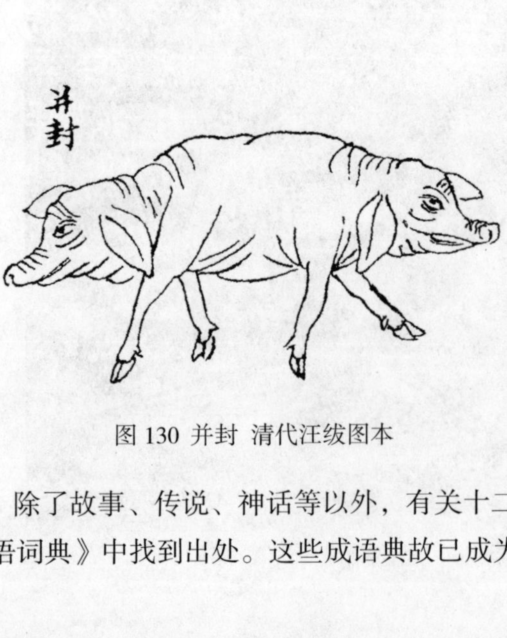

图 130 并封 清代汪绂图本

图 131 唐僧取经 明代《临凡宝卷》插图

除了故事、传说、神话等以外，有关十二生肖的成语典故也很多，我们可以从《汉语成语词典》中找到出处。这些成语典故已成为汉语特有的一种文化内涵，其背景则是我们已经讲述过的数不清、道不完的“生肖故事”。

抱头鼠窜：抱着头像老鼠一样逃窜。形容受到沉重打击后仓皇逃命的狼狈相。例如，《三国演义》第八十八回：“孟获等抱头鼠窜，往本洞而去。”

胆小如鼠：胆子小得像老鼠一样。形容胆小怕事。例如，别看他气壮如牛，其实胆小如鼠。（图 132）

猫鼠同眠：猫和老鼠睡在一起。比喻上官糊涂，任凭下属干坏事。也比喻上下互相包庇，一起干坏事。

牛不喝水强按头：比喻强迫别人做他不愿做的事。

牛刀小试：牛刀指宰牛的刀。把宰牛的刀稍微试用一下。比喻有大才干的人在小事情上初试身手。如明·冯惟敏《双调新水令·贺凤渚公镇易州》：“当日个小试牛刀，至如今大展龙韬。”

牛鬼蛇神：牛头的鬼，蛇身的神。比喻各种坏人。（图 133）

图 132 狗捉老鼠 山东沂南东汉画像石

图 133 人面牛身神 清代四川成或因绘图本

虎背熊腰：像虎那样宽厚的背，像熊那样粗壮的腰。形容肢体粗大强壮。（图 134）

虎踞龙盘：踞：蹲。像虎蹲着，像龙盘曲。形容地势雄伟险要。

图 134 虎 西周时代青铜尊

虎口拔牙：在老虎嘴里拔牙。比喻冒着极大的危险除掉有害的人或物。如马钰《玩丹砂·赠阎先生》："猛虎口中敲玉齿，骊龙颔下夺神珠。这般手段称吾徒。"

兔死狗烹：兔子被捕杀后，猎狗也就被煮食了。比喻事情成功后，有功的人被杀害。多指统治者杀害功臣。

兔走乌飞：兔：传说月亮里有玉兔。乌：传说中太阳里的金乌。比喻日月运行，光阴飞逝。

龙飞凤舞：形容气势奔放雄壮。（图 135）

图 135 龙 清代建筑彩画

龙马精神：龙马指骏马。像龙马一样的精神。比喻人的精神壮健。多用来称赞老年人体魄强健，精力旺盛。

龙眉凤目：龙指传说中能兴云作雨的神异动物。凤指传说中的神鸟。形容人的仪表英俊，气度不凡。

春蚓秋蛇：比喻书法拙劣，像春天蚯蚓和秋天之蛇的行迹那样弯曲。《晋书·王羲之传论》："（萧）子云近出，擅名江表，然仅得成书，无丈夫之气。行行若萦春蚓，字字如绾秋蛇。"

画蛇添足：比喻多此一举。典出《战国策·齐策二》。

惊蛇入草：形容草书的笔势矫健迅捷。

金戈铁马：戈：古代的一种武器。金戈：金属制成的戈。铁马：配有铁甲的战马。指战争，也形容战士们的雄姿。

青梅竹马：李白《长干行》："郎骑竹马来，绕床弄青梅，同居长千里，两小无嫌猜。"后用"青梅竹马"形容男女儿童天真无邪，在一起玩耍长大。

羊肠小道：形容曲折狭隘的小路。

羊落虎口：羊落到老虎嘴里。比喻坠入险境，有死无生。如明·单体《蕉帕记·陷差》："太师爷曾志矣教龙骧令前去策应，定然送死，这是羊落虎口之计，伏乞太师爷尊裁。"

羊质虎皮：本是一只羊，却披上老虎的皮。比喻外强中干或徒有虚名。

杀鸡骇猴：喻指惩罚一个人以吓唬其他的人。语出《官场现形记》第五十三回："俗语说得好，叫作'杀鸡骇猴'，拿鸡子宰了，那猴儿自然害怕。"

朝三暮四：语出《庄子·齐物论》："狙公赋芧，曰：'朝三而暮四。'众狙皆怒。曰：'然则朝四而暮三。'众狙皆悦。"原指施展愚弄欺骗的手法，后多喻指人之语言、行动反复无常、变化不定。

鹤立鸡群：像鹤在鸡群之中，比喻一个人的仪表或才能在一群人中显得很突出。

呆若木鸡：呆得像木头鸡一样。形容呆笨。又用于形容因恐惧或惊讶而发呆的样子。

鸡飞蛋打：比喻全部落空，一无所获。

狗急跳墙：比喻人在走投无路时不择手段地蛮干。

蝇营狗苟：像苍蝇那样钻营，像狗那样无耻。比喻追求名利，不顾廉耻，无所不为。

犬牙交错：形容交界线很曲折，如狗的牙齿那样参差不齐。也比喻多种因素牵连的复杂状况，或双方力量对比互有短长。（图 136）

图 136 狗 汉代灰陶器

狼奔豕突：豕：猪。突：冲撞。如狼那样奔跑，似猪那样乱闯。比喻成群的坏人乱窜乱闯。

封豕长蛇：封：大。豕：猪。大猪长蛇。比喻贪婪横暴的人。《左传·定公四年》："关为封豕长蛇，以荐食上国。"

七、生肖与艺术

在人类的历史上，人与动物就有着一种特殊的关系。从原始社会开始，我们的祖先就认为人与动物有着血缘关系，因此对它们的崇拜胜过了对人自己。从古至今，人们对动物形象的描绘与刻画达到了很高的水平。十二生肖系列的装饰图形脱颖而出，成为中国传统美术史上一颗灿烂的明星，也反映出历代民间艺人热情、饱满的创作精神和对美好生活的向往。

古时有一种十二盘，盘四周有十二生肖图案。宋代陶谷《清异录·器具》记："唐库有一盘，色正黄，圆三尺，四周有物象。元和中，偶用之，觉逐时物象变更。且如辰时，花草间皆戏龙，转巳则为蛇，转午则成马矣，因号'十二时盘'。"此盘的十二种生肖图形随时辰的变化换图案，转到巳时出现蛇的图案，转到午时则出现马的图案。

明代高濂在《雅尚斋遵生八笺》卷十四《论古铜器具取用》一文中，直接称十二辰为十二生肖："镜为人所必用……海兽、蒲桃、荔枝、五岳图形，十二生肖、宝花、云龙、十二符、四灵……蟠螭龙凤雉马等背俱妙。"

商周时期，青铜装饰艺术多以动物形象出现，常见的动物纹样有牛、羊、马、猪、虎、熊、象、龟、蛇、鱼、蛙、兔、龙、夔和凤等。各种动物的艺术形象充分表达了人们的意志和向往。秦汉时期的画像石、画像砖对动物形象的描绘和刻画达到了很高的水平。被誉为"世界第八奇迹"的陕西临潼秦始皇陵兵马俑，其马俑栩栩如生，撼人心魄。

在甘肃武威发掘出一批1800多年前的汉代木雕珍品，为我们提供了十分重要的动物资料。这些木雕继承了西汉霍去病墓"石马"的雄风大度和拙朴造型，以其生动的姿态、巧妙的构思、丰富的彩绘构成了它特有的艺术风格。

木雕中车马俑的形体较大，其中对马的刻画尤为突出。马的躯干、前胸和后臂用半圆形体块去概括，左右大块面方而平，形成方与圆的结合。马头、尾、四肢都是分别制造后再嵌合组成。牛俑表现的是拙朴的形象和憨厚勤劳的性格。在黑色的牛头上用十分醒目的白色粗线描画了一个十字和圆圈，似与不似地刻画了眼与缰绳的形状。另外，木鸡的形状只概括地削磨出头和尾，躯身有的纯为大面木板。经过彩绘，呆滞的木鸡便有了羽毛丰满的感觉，给人以完美无缺的活鸡印象。（图137至图141）

图 137 马车 甘肃武威出土的汉代木雕

图 138 牛 甘肃武威出土的汉代木雕

图 139 马 甘肃武威出土的汉代木雕

图 140 狗 甘肃武威出土的汉代木雕

图 141 鸡 甘肃武威出土的汉代木雕

最早出现于西晋的鸡首壶是越窑开创的一种形式别致的瓷器器皿。西晋时期的鸡首壶造型非常简单，十分接近真实的鸡形，通常在小盘口的肩部对称地安个鸡头和鸡尾，其容量也很小。到了东晋，鸡首壶朝更简洁、更实用的方向发展，鸡头紧靠盘口，鸡颈缩短；腹部扁圆，容量增加；鸡尾抽象成了一个弧形的线条，以作提取之用；器皿肩部的双系塑造为桥式，以便穿绳提携。无论是实用性还是艺术观赏性，比之西晋，东晋的鸡首壶发展得更加完美成熟。（图 142）

图 142 鸡首龙柄壶 浙江绍兴出土的东晋青瓷器

这里介绍的一件青瓷褐斑鸡首壶，出土于 1975 年浙江省绍兴上虞五一镇，是一件东晋时期的早期作品。该器鸡首为流，口角前伸，既为注水之便，在造型上又似鸣啼之嘴，其清啼之声宛在耳畔；弧形之把高高抛起，一头与盘口衔接，一头与壶肩相连，提携手感极佳。该器在造型上显得敦厚稳重，大面积朴素的色彩处理使它显得更朴实粗犷。但同时它又不乏精巧流转，如鸡首微耸之高冠，眼睛上草草几刀眉纹，均系神来之笔，使抽象的鸡首壶神彩焕然，呼之欲出，可谓精妙绝伦。正是由于和谐妥帖地处理了抽象与具象、粗狂与纤巧、实用与装饰等关系，两晋的鸡首壶才由古代日常的实用品成为今人赏叹不绝的珍爱之品。（图 143）

1971 年，湖南湘阴唐代墓葬中出土了一套生肖陶俑，均为兽首人身造型，通高为 20 厘米左右。陶俑身着宽袖袍，两手向胸前作拱状，中间留有一个可以插物的长形小孔。

这十二件生肖俑分别置放于墓壁四周的小型壁龛内，是用来表示方位的。

另外，湖北武昌周家大湾也出土了一套隋代的十二生肖陶俑，这套俑的造型为坐翁怀抱生肖动物的形式。如丑牛俑，坐翁双手托牛，牛头向左；寅虎俑，坐翁双手托虎；辰龙俑，翁坐，龙搭翁肩，翁右手持龙尾，左手托龙腹，龙的一足显于其胸前，另一足露在其胸侧，龙头在其胸前曲颈张望等。

图 143 鸡首壶 浙江上虞出土的东晋青瓷器

以十二生肖俑作为厌胜辟邪的神物而随葬的，一般盛行于隋唐时期。其造型通常有三种形式：其一为人抱生肖动物；其二为人身兽首；其三为生肖动物趴在人物头顶上。其中，前两种形式比较常见。这些被人格化了的动物已经超越了它们的原型，从而进入每个中国人的精神世界，化为生命状态的形象标志。（图 144）

唐代的铜镜有许多是绘有生肖图案的，当时的铜镜铸工已见神奇。扣之，清音经久不息。持其举向太阳，背面文字图案显于影中。铜镜的制作大致分南北两地，因地域不同，它所饰纹的式样也就各不相同。北方的铜镜朴素简略，南方的铜镜则制作精巧纤细，饰纹繁杂而华丽。

铜镜是道教辟邪的法器之一。《古镜记》说，铜镜铸纹“十二辰位而具畜焉”。说的是镜背图案中，八卦符号围成一周，子丑寅卯十二辰以生肖的形式围成一圈。的确，古人确以为铜镜不凡，李商隐也写下“我闻照妖镜，及与神剑锋”的诗句。（图 145）

图 144 生肖俑 隋代青瓷

图 145 十二生肖四神纹 四川成都羊子山出土的唐代铜镜

在商周青铜器中，有许多是以生肖形象来造型的。例如，陕西岐山出土的西周牺尊，牛直身站立，两眼略带着恐惧望向前方，牛背上的皿盖站立着一只老虎，像是胜利者已制服了脚下的庞然大物。（图 146）

与此相反的是云南晋宁石寨山出土的七牛饰盖贮器，表现的是七头健壮的公牛挺立器盖之上，泰然自若地俯瞰着四周。器身的两侧则塑有两只往上爬行的老虎。七牛居高临下，似乎藐视着一切来犯之敌，在小心地守护着自己的领地。（图 147）

安徽阜南月牙河出土了一件商代龙虎铜尊，在腹部铸着一个正面半蹲两手张开的人形，人形的头顶部被双身共首的老虎含入口中。另有一件在湖南出土的商代“虎噬人卣”，表现的是半蹲的老虎张开大嘴，怀里抱着一个懦弱的人。这陷入虎口的人尽管目光中透出一丝恐惧，但脸上却是平静的。在这里，虎仿佛成了他的安宁所在。（图 148）

图 146 牛虎斗 商周青铜器

图 147 七牛视虎 云南晋宁石寨山出土的西汉青铜器

图 148 虎噬人 湖南安化与宁乡接界处出土的商代青铜卣

在画像石、画像砖中，留下了许多生肖动物的剪影，其中龙的形象极具特色。

河南南阳出土了一件《仙人豢龙图》的东汉画像石，图中左侧为一条大龙，该龙蛇颈兽躯，口吐长舌伸向仙人；仙人遍体生毛，长有羽翼，右膝跪地，手托一株三秀草以饲巨龙，画面充满生活情趣。还有一件《应龙图》，表现的是一条蛇躯兽足的巨龙，张牙舞爪，腾跃于祥云之中。在人们的心目中，只有在天下太平、经济繁荣之际，龙才会出现以显示祥瑞，因而龙带有吉祥的含义。

以龙表示东宫星宿的做法在汉代广为流行。由于这类龙纹的目的是表现星宿，因而其形态多依星宿的分布而变化。例如，河南南阳薄山店出土了一件画像石，表现的是东宫苍龙星座，画面由一条极为生动的龙、十六颗星以及内刻玉兔和蟾蜍的月亮组成。十六颗星分布于龙身周围，龙身上面刻一轮明月，说明月亮运行到苍龙星座。（图 149）

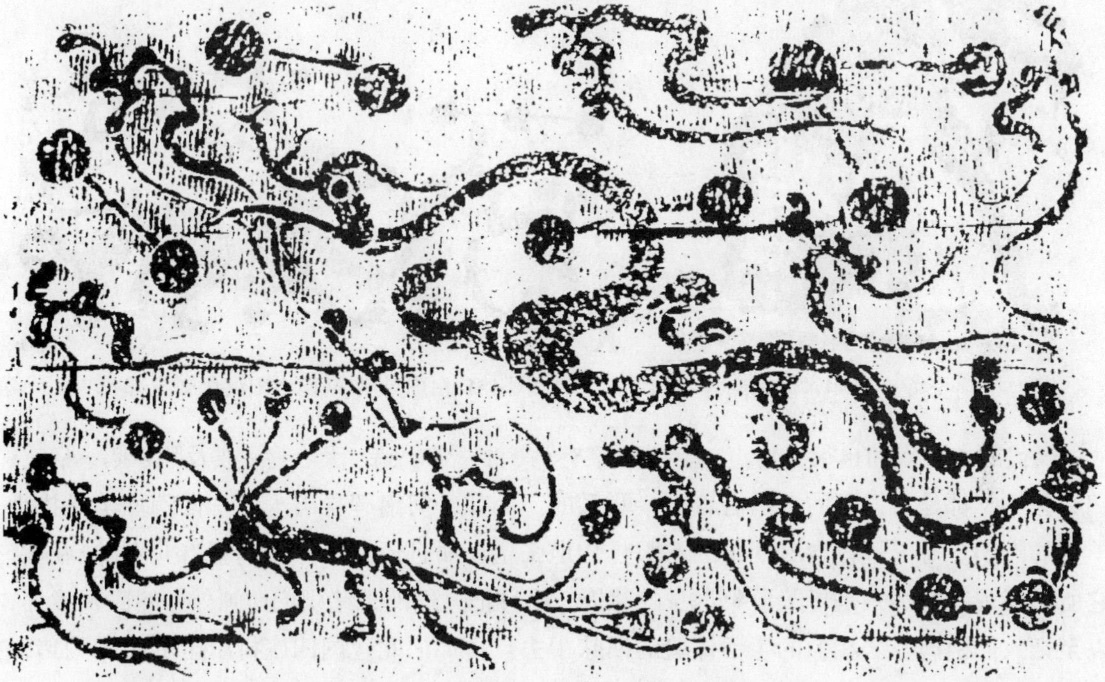

图 149 苍龙星座纹 河南南阳汉代画像石

再如南阳市东关出土的“日月合璧”画像石，画面上部有鸟形日月，下部左侧为内刻玉兔的毕宿，右侧为表示东宫的龙纹。该龙尾细而长，弯曲成环形的尾端有八个小分支，连同本尾，应是在表现尾宿九星。这类表现东宫龙宿的苍龙画像，是研究我国汉代天文科学的珍贵资料。

“车马乘骑”的题材在画像砖中多有表现，因为兵车、兵马是当时军事力量最直接的象征。当年汉武帝对西域所谓“天马”“汗血马”极为偏爱，以至从军事需要和改良中国马种这两个角度出发，发动了一场以获得大宛良种马为目的的对西域的战争。最后，以对抗汉朝庭的大宛王被杀，大宛重新内附汉庭为结果，挑选大宛“善马数十匹，中马以下牡牝三千余匹”回朝。汉武帝得大宛良马，高兴之余作《天马歌》：“天马徕，从西极，涉流沙，九夷服……天马徕，龙之媒，游阊阖，观玉台。”将良马视为上天所赐的神龙类灵物，将良马的到来视为汉王朝国威的象征。由于汉武帝对马的过度宠爱，在社会上形成了一股爱马风潮。这种风潮，体现在升仙求长生中，是各种形式的天马；体现在现实生活中，则为车骑出行或田猎出行。

另外，还有《农耕图》《吉羊图》《四灵图》《白虎星座》《虎吃女魃》《斗牛》《狗咬耗子》《青龙铺首》等画像图形，这些图形中的某些基本图式也在民间保存至今。（图 150、图 151）

图 150 狗咬耗子 四川东汉画像石

图 151 白虎星座 河南南阳汉代画像石

汉代的生肖陶俑也很有特点，主要形象有马、牛、羊、猪、犬、鸡、猴及鸭、鹅、骆驼、鹤、鱼等，都是与人们的生活有着直接联系的。例如，河南辉县出土了一件陶母羊寻找小羊羔的陶塑。母羊不仅含着期盼的双眼焦灼地张望，而且还侧耳谛听期望着儿女的响应。它所诉诸观者的不只是母羊形象本身的感人，而且把人们的思绪引向“画外”的广阔境界，以至把人们引向与之相似的生活体验的回味中去。再如河北建国四庄村出土的绿釉陶猪，大头巨眼，张口露齿，獠牙如钩，双耳朝前，鬃毛竖立，状极狰狞。山东高唐固河出土的绿釉陶狗昂首竖耳，张口狂吠，巨大尖利的门牙，充满敌意。在四川各地的汉墓中也出土了不少陶质的马、狗、羊、鸡等动物雕塑品，造型浑厚有力，姿态生动别致，风格朴素而饶有风趣。例如，“子母鸡”，多以母鸡和躲在母鸡翅膀下的小鸡的形象出现，表现出四川地区陶俑所共有的幽默风趣的特点。（图 152）

图 152 公鸡 东汉红陶

清代的生肖铜像，著名的有圆明园“十二生肖”兽首像。这些兽首自1860年八国联军火烧圆明园后，就流失海外。在流落百年后，马首、牛首、虎兽、猴首、猪首等经历了诸多坎坷后终于回到了祖国。十二生肖兽首铜像，原放置在圆明园海晏堂，由意大利人郎世宁主持设计，法国人蒋有仁督造。

图153 马首 北京圆明园清代铜器

海晏堂由正楼和后工字蓄水楼组成，是最大的一处欧式园林景观。其中正楼朝西，上下各十一间，楼门左右有叠落式喷水槽，阶下为一大型喷水池，池左右呈“八”字形，排列着十二生肖铜像，每昼夜十二个时辰，由十二生肖依次轮流喷水，俗称“水力钟”。铜像为人身兽首，身躯为石雕穿着袍服的造型，铸造兽首所选用的材料为当时清廷精炼的红铜，外表色泽深沉、内蕴精光，历经百年而不锈蚀，堪称一绝。兽首为写实风格造型，铸工精细，兽首上的褶皱和绒毛等细微之处都清晰逼真。这些青铜生肖雕像高50厘米，雕刻精细，为清代青铜器中的精品。（图153）

闻名中外的“马踏飞廉”（也称为“马踏飞燕”），1969年出土于甘肃省武威县雷台。这匹身披宝绿、扬尾奔驰的马，重心踏在一只迅飞的神鸟上，这只神鸟就叫飞廉。飞廉也叫龙雀，关于它的特点有过许多传说，因为它飞得迅如疾风，而且准时、守信，因此又被比作风神。张衡在《东京赋》中，就有“龙雀蟠蜿，天马半汉”的说法。铜奔马的一只右后蹄正踏在龙雀背上，使人联想到奔马似在腾空星驰、势如燕翔。这种青铜圆雕在人们的艺术感觉中，已不是铜质的冰冷坚硬，而是化作马的块块颤动的肌肉。这种肌肉是富有弹性的，似热血在沸腾。（图154）

图154 马踏飞廉 甘肃武威雷台墓出土的汉代青铜器

唐贞观十年（公元636年）雕刻的浮雕“昭陵六骏”，因用六匹战马的不同运动姿态来讴歌李世民征战南北的战功，成为举世闻名的高浮雕代表作品。“六骏”是唐太宗李世民在沙场上骑用的六匹名马：飒露紫、拳毛䯄、白蹄乌、特勒骠、青骓和什伐赤。其中的飒露紫，据说在战阵中前胸被敌箭射中，随将丘行恭随即为它拔出这一箭镞，而浮雕上表现的就是这一拔箭的瞬间。这匹久经沙场的战马肌肉紧缩，头颈及前足笔挺，刚毅地忍痛而立。这一微妙的神情姿态，惟妙惟肖地传示出该战马战胜肉体痛苦时的不屈不退的精神气质。而六骏中的青骓则以平开式的飞跃基线向前飞冲，表现为马儿在疾驰和腾空间大幅度的夸张。那四蹄的前后上扬之势，与腹部拉在了一条平线之内。青骓造型并不以马疾驰时头部与躯干成水平状、颈部向前伸的姿态为主，而是选取马在腾跃时头与躯干垂直、颈部曲劲的特点。这种腾跃式的飞冲，表现出作者对自然生命形态的细致深刻的观察。

一般帝陵前的翼马、鞍马雕刻形象，并没有具体名称，而“昭陵六骏”则是根据生活中实有的战马创造的。李世民为每匹骏马撰有选词，且名称、毛色均有记录。（图155至图158）

图155 白蹄乌 陕西唐太宗李世民昭陵六骏雕刻之三

图156 特勒骠 陕西唐太宗李世民昭陵六骏雕刻之四

图157 什伐赤 陕西唐太宗李世民昭陵六骏雕刻之五

图158 青骓 陕西唐太宗李世民昭陵六骏雕刻之六

“养鸡女”石雕是宝顶山摩崖石窟中的作品。宝顶山位于四川省大足县东北15公里处，这里保存了南宋以来大量的摩崖石雕，是大足二十三石窟中最集中、最精美，也是最著名的石窟之一。南宋淳熙六年至淳祐年间（1179—1252年），大足僧人赵智凤以毕生精力，在宝顶山以大小佛湾为中心的方圆五里之内，主持开凿了这座大型佛教密宗石窟。石窟内的造像规模之宏大、成就之杰出，在领南宋雕塑艺术之一代风骚的同时，竟成了中国石窟艺术史上的最后绝响。

“养鸡女”石雕以真实细腻的手法，刻画了一个当地农村少妇晨起放鸡的形象。这位农村少妇面容清秀、体态丰满，她发髻高挽、耳花轻垂，似乎迎着晨曦。鸡笼刚刚掀开，笼下鸡群争先恐后地奔出，两只首先出笼的鸡已开始在笼边争啄蚯蚓了。古代的石雕大师十分准确传神地刻画了这一瞬间的各个细节，尤其是在养鸡女的姿势和神态方面别具匠心。她一高一低的双手，勾画出一个上提的用力方向，使画面静中含动；微仰的脸庞，弯弯的柳眉和浅笑的嘴唇，透露着内心的恬静和喜悦。整个作品虽然雕凿不遗余力，但手法上仍有繁简之分。养鸡女的面庞细腻圆润，极具生动感人的光彩，作者为了不致掩盖这一光彩，在其他方面，以大块面、粗构造去尽量加以淡化，如养鸡女的尖领上衣和鸡笼等，这样便十分成功地将观众的注意力集中到作品的最生动之处。（图159）

图159 养鸡女 四川大足宝顶山第20号摩崖石雕

北京故宫博物院藏有一件“紫藤双鸡图轴”刺绣，是薛文华根据清光绪年间扬州画家倪田的画稿绣制的。画面以白色绫为地，纵贯全幅绣一整枝花朵盛开的紫藤花，紫藤花下站立着雌雄二鸡，雄鸡红冠黑尾，昂首欲啼；雌鸡白肚黄羽，回首觅食，极富生活气息。画面以紫色为主，间配以深灰、褐、虾青、黑等色，仅在鸡冠、脸、雄鸡鸡颈、背等处缀以红玫瑰、红、橘黄等艳色，使画面色调淡雅，又活泼悦目。在针法上，以套针、斜缠针为主，针法虽简，但施针灵巧，富于变化，绝不逊于原作。而刺绣独具的纹理立体感，更真实地表现了鸡之羽毛的质感，这又是原作所无法比拟的。（图160）

1970年，陕西省西安市南郊何家村唐窑藏出土了一件“舞马衔杯纹”银壶，其高18.5厘米、口径2.3厘米。银壶造型仿同时期我国北方草原少数民族使用的皮囊壶，为扁圆体。壶口上有鎏金覆莲形盖，提梁呈弓形，鎏金。平底下接椭圆形圈足，腹两面各锤出舞马衔杯纹。其中，马颈上系着彩带，嘴里衔着杯，前腿直立，后腿屈膝，做舞蹈状。底足连接处饰一周辫纹，圈足内有墨书“十三两半”四字。据文献记载，唐玄宗曾于宫中置舞马取乐，天宝年后取缔。这件壶上的图案为文献记载提供了珍贵的形象资料，也是献技演出活

动的一种写照。（图 161）

图 160 紫藤双鸡图轴（局部）
清代薛文华刺绣

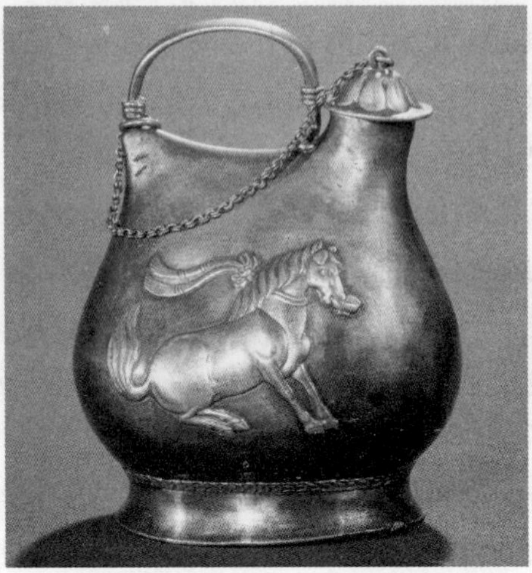

图 161 舞马衔杯纹 陕西西安市南郊
何家村窑藏出土银壶

生肖中的动物形象，在近代绘画作品中也有所表现。《点石斋画报》于 1884 年 5 月 8 日在上海创刊，开创初期为旬刊，一般逢周六出版，16 开本，随《申报》附送并零售，由点石斋石印书局印行。封面用红、绿、黄等彩色纸，画和文则用连史纸石印。以天干、地支、八音、六艺为编目，装订成册，每册 8 帧，12 册为一辑，先后共出版 36 卷 473 期，图画计 4000 余幅，1896 年底停刊。《点石斋画报》出版共达 14 年零 8 个月，主要画师有吴友如、田子琳、金蟾香、周慕桥、张志瀛、何元俊、顾月舟、马子明等。这些画师多为写实派画家，其中不少人是“海上画派”的先驱人物。

吴友如（1850—1893 年），又名嘉猷，苏州吴县人，居住在虎丘山塘街。幼时家贫，父母早亡，长期寄养于伯父家中。十多岁时，吴友如便在苏州阊门城内西街的云蓝阁裱画店当学徒，他极爱绘画，常常在裱画之余，动笔临摹古画及装裱的画。当时，住在老阊门的老画家张志瀛见其作品，觉得这个年轻人绘画功底扎实，特别是人物画更显特色，就主动帮助指导。在绘画上，吴友如相继认真汲取了清人钱杜、改琦、任熊的画法，工于人物肖像画和动物画。他曾应征至北京为宫廷作画，画过《金陵功臣战绩图》等进呈御览，很得赏识。后因不习惯在皇宫作画，遂离京返回苏州。来到《点石斋画报》社后，吴友如如鱼得水，放胆绘制，手法上采用苏州桃花坞木刻年画的以线勾形法，而形象中却已经带有西方绘画的透视感和光感。（图 162 至图 167）

在古代绘画方面，有许多画家绘制了与生肖动物有关的画作。例如，唐代的韩幹、韦偃、韩滉、戴嵩等。其中韩幹所画马的形象，多肉而少露筋骨。韩幹奉诏画御马名驹，又画岐王、薛王、申王所畜名马，都是肥壮丰满的良骥，“唯幹画肉不画骨”反映了当时的审美

图 162 鼠 选自《吴友如画宝》之《中外百兽图》

图 163 牯牛 图选自《吴友如画宝》之《中外百兽图》

图 164 家兔 图选自《吴友如画宝》之《中外百兽图》

图 165 马 图选自《吴友如画宝》之《中外百兽图》

图 166 血犬 图选自《吴友如画宝》之《中外百兽图》

图 167 猪 图选自《吴友如画宝》之《中外百兽图》

时尚。在北宋时宫廷中收藏有52幅韩斡画作，大多为御马形象，其中《明皇观马》《明皇射鹿》《五王出游》《宁王调马》等反映皇帝贵族射猎游乐等题材。韩斡流传至今的作品有《照夜白图》及《牧马图》。《照夜白图》（纸本设色，纵30.8厘米、横33.5厘米，美国大都会博物馆藏）描绘玄宗喜爱的御马不甘心被拴在木桩上，它昂首嘶鸣，四蹄腾超。画家不只画出马的躯体健壮，更着力表现马的精神风采，特别通过那飞起的鬃毛、张大的鼻孔、嘶鸣的口部等有力的动态描写和细致刻画，把一匹希图挣脱羁绊的烈马描绘得非常传神。《牧马图》（绢本设色，纵27.5厘米、横34.1厘米，台北故宫博物院藏）画黑白二马在奚官骑系下缓缓而行，马匹骨肉停匀，体态丰满，具有神骏气势。奚官威武健壮，深目虬须，两眼炯炯有神，带有游牧民族的特征。马的鞍鞯装备华贵富丽，整幅画勾染都极细腻，体现着韩斡在人物画方面的艺术水平。（图168、图169）

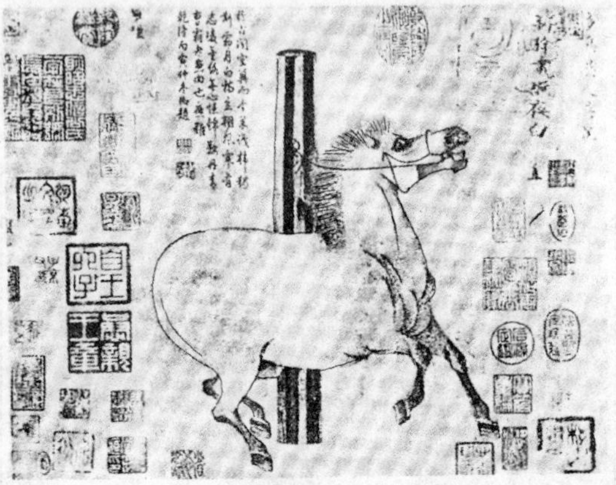

图168 照夜白图 唐代韩斡

图169 牧马图 唐代韩斡

韦偃，长安杜陵人，后客居四川，善画人马山水，尤以画马及松树著称。他的父亲韦鉴是善画龙、马的名家，叔父韦銮官至少监，以花鸟山水著称，被评为“边鸾之亚”。韦偃受到家庭父辈的熏陶，画马颇有创造。杜甫曾赞扬他画马“戏拈秃笔扫骅骝，倏见骐驎出东壁”，可见他能以简括自如的笔画出群马的种种行色动态。现存韦偃《牧放图卷》为北宋画家李公麟奉敕所摹，由于李公麟画技高超和严肃认真，相应充分地展现了韦偃画马的风采。《牧放图卷》（绢本设色，高46厘米、长425厘米）描绘皇家马场放牧的浩大场面。开卷是官员圉人驱赶马群，马匹鱼贯而出，十分热闹；中后部分画马匹在平川、丘陵地带散开，自由自在地吃草、饮水、奔跑、徐行、翻滚、嬉戏，千状万态，目不暇接。全卷共画了骏马一千二百余匹，大者二寸左右，小者不满寸，奚官马伕一百四十余人，情态生动逼真。构图有聚有散，远近分明，在丘陵后边偶尔露出马的局部，使人感到似还有更多的马匹藏于冈阜之后，构思巧妙别致，不落俗套。

韩滉以画牛及田家风物著名。传韩滉的《五牛图》（纸本设色，纵20.8厘米、横139.8厘米）画有五头神态特征各不相同的耕牛，或行，或止，或吃草，或翘首，出神入化，为古代画牛所罕见。用笔粗厚而用力，准确地表现了牛的朴厚健壮的形体、动态和习性。其中一牛戴红绒金络拘谨而立，其他四牛悠然自如，可能寓有不愿受羁绊的生活理想，是一件早期反映耕畜形象的优秀画卷。（图 170）

图 170 五牛图（局部） 唐代韩滉

戴嵩曾在韩滉属下任巡官，并随韩滉学画，善画水牛，“能穷其野性”，超过韩滉。又传说他画牛饮水能生动地表现出水中倒影的效果。现传有《斗牛图》卷。

此外，唐代还有一些佚名的鞍马之类画卷流传下来，这些作品有助于增进我们对鞍马艺术的了解。例如，《游骑图卷》就是一幅优秀作品。唐人鞍马以表现贵族游乐居多，此画中的士大夫或挟弓弹，或执球杖，表现出兴犹未尽地骑马归来的情状。此画人物神情从容自然，马蹄得得，步法轻快，薄柔的春衫、挥鞭驱马的动态被精彩地描绘出来，不作背景，观之依然感到似春天郊野的欢愉。

《百马图卷》则从不同角度对九十五匹马进行了刻画，包括浴马、刷马、喂马、放马等多种情节，颇富生活情趣。四十一个奚官和圉人的动作神态自然生动，马的多种动作角度被描绘得相当精确。画家在造型技巧上游刃有余，显示了其深入观察和一丝不苟的作画态度。

在民间剪纸艺术领域，生肖文化占有一席之地。

纳西族关于十二生肖的“巴格”经图中，“巴格”中央青蛙的头、尾、四肢和肚代表着世界，因为世界的东西南北中像青蛙一般，是个有机整体。（图 171）

在一幅叫“十二生肖挂帘”的陕西民间剪纸中，图的中央也有这样一只青蛙纹样，形象极为相似。可见利用十二生肖这一题材作为装饰艺术，早已是中华民族传统文化的一个普遍存在。

民间的十二生肖剪纸，很多是代代传承，变化不大。构图形式上有“全家福”式的、有单幅的，也有两种生肖双双入图的，最常见的是陕北民间剪纸“蛇盘兔”，即蛇首兔头相对，蛇躯环绕兔身。这是因为民间有“蛇盘兔，必定富”的说法。民间认为男属蛇、女属兔的人结合在一起最有缘分，婚姻也最为美满。有的研究者认为，蛇能脱皮而再生，而

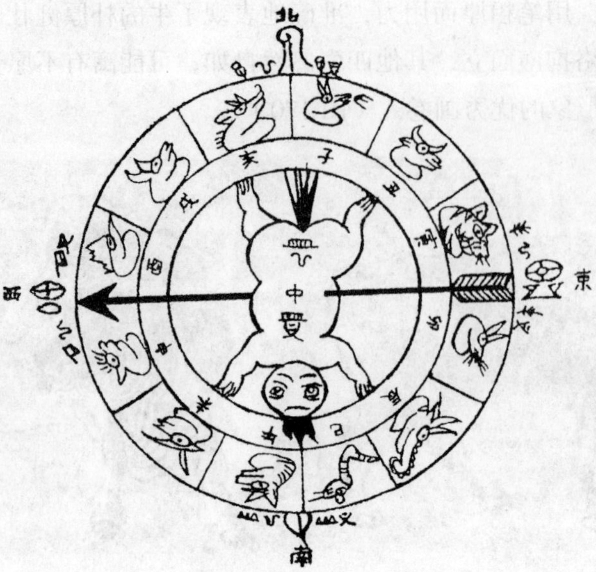

图 171 纳西族东巴经中的《巴格》图

兔则多子，二者结合在一起，具有生殖崇拜的符号意义。装饰于洞房，可以促进和刺激男女交欢而生子。从装饰的角度看，这种花样多是剪兔于中，外剪以花蛇盘绕，构成的是一幅完美而又饱满的图案。

陕西关中西部千阳县的一种“送病娃娃”剪纸，为一个骑马的抓髻娃娃或飞人，寓速召魂回之意。民间认为人生病是其魂被扰，便剪纸人以安病人之魂。

山东高密的范祚信花费了许多时间，剪出了一套十二生肖剪纸。每个生肖动物都有一百余种形象，这在剪纸界恐怕也是不多见的。他的生肖剪纸可分为四种样式：一是单纯动物类，即一种动物百余种形态各异的图案；二是人物与生肖动物相结合，即人或站或抱着一种生肖加之文字，文字即用地支名称提示；三是兽头人身或人头兽身；四是用“福、禄、寿、喜”四字各配一生肖图案，有的直接用字作背景，有的用形象符号相组合。这些图案属于民间传统的意象造型，不吸收现代绘画的因素，从而也就排除了一些流行的不伦不类的剪法。

范祚信的剪纸，除了在动物自身姿态上的动作变化外，还特别在拟人化的表现上下功夫，以使其有着人的行为、动作、表情、性格甚至于形象。例如，对“老鼠娶亲”的刻画，更是惟妙惟肖：那小鼠敲锣打鼓迎娶新娘，旗、牌、吹、打、乐、舞、笙、管、琴、箱、柜、盒、奁等应有尽有，整个过程与人间喜事的传统婚俗一致（图 172）。在牛的造型上也很有特点：一头牛坐在车上，另一头牛在卖力地拉车，犹如两位勤勤恳恳的庄稼汉，拙笨而可爱。一条龙只有一个龙头，口吞日、月即刻将龙在宇宙中的神威展现出来等。这些剪纸粗细线条搭配均匀，粗的是留的大块黑，细的纤如毫发，图案纹理虽繁杂而不失条理，工整而不失变化，或实或虚，随手成形，“我只用一把剪子，从不用刀”。这才是真正的民间剪纸。

图 172 老鼠娶亲（部分）· 传世 山东高密范祚信剪纸

民间的十二生肖剪纸，正因为代代传承，千百年里很少变化，这就使得民间剪纸中积淀着丰富的古代民俗信息，是研究历史的“活文物”。

在年画中，十二生肖也多有表现，它主要是以雕刻木版单色或套色印刷。例如，河北武强清代年画《莲生贵子图》，用红、黄、绿、紫四色套印。画面两个大圆占了画幅大部，一圆内用两个儿童身躯环绕拼成四孩；另一圆内以三个儿童头脸、五个儿童身躯环绕拼成六孩，圆圈内的儿童俯仰卧立。此双圆之上为生肖图案，龙、虎、兔居中央，鼠、羊、牛、马依次排于右侧，蛇、鸡、狗、猴、猪依次列在左侧。“莲生贵子”与十二生肖齐备，以祈多儿多女。

《六畜兴旺》为云南保山的纸马，纵 16 厘米、横 19.5 厘米。图中画一戴软巾、穿长袍、系带穿靴之圉者，手牵白马缰绳，后有牛、鸡、羊、猪、犬等，前有斑虎一只，是当地护畜山神之象征。

在年画中，“老鼠嫁女”的题材很多。四川夹江的清代年画《老鼠嫁女》，说的是四川有天府之国美称，物产丰富，米粮满仓，因而老鼠也很多。这一天，有一老鼠嫁女，远看场面宏大，仪仗齐全，有提灯、有旗锣、有吹鼓手、有花轿、有伞盖……各种执事与轿夫均由老鼠扮演，只有新郎与新娘绘成人形、十分有趣。

梁·宗懔《荆楚岁时记》：“正月一日，贴画鸡户上，悬苇索于其上，插桃符其旁，百鬼畏之。”清代苏州年画《鸡王镇宅》，画的就是人们熟悉的大公鸡。大公鸡金距花冠，翠翎锦羽，喙啄昆虫，爪踏如意珍宝，气势轩昂，颇有无所畏惧之感，是江南一带农村门上新年粘贴的传统门画之一。清代武强年画有一幅《金鸡宝童》，图中一对公鸡，鸡背上各立一童子，其中一人手举元宝，抱一如意；另一个舒掌托花瓶，外有三只圆果。这是借鸡与儿童手中之物的谐音而组成的一对吉祥门画。

清代河北武强年画中还有一幅《猿猴托印》，画的是雕花石锁上，猴子做出托印、捉蜂、摘桃、攀树等各种活动形象，旁有牡丹花开。这是借蜂猴谐音（封侯）、牡丹（象征富贵）、桃子（象征长寿）等象征美好未来的窗旁画。

《猴官》也是清代河北武强的年画。画面中描绘的是四个戴夏帽、穿坎肩的猴子，两只抬一猴官在前行走，一只猴子手拿旱烟袋，另一只手举伞盖，模仿的是民间曲艺杂技中“扛箱”的演出节目，借以讽刺那些专靠讨上司喜欢而升官者。

《猴抢草帽》是山东潍县的木版年画，表现的是一老汉推独轮车去贩卖草帽，当缓行于山路时，遇一群猴子，群猴见之也效仿老汉头顶草帽之状，纷纷将车上的草帽抢光，老汉见状，正在奋力抢回。画面上面还题有“来在山道，猴夺草帽，无法可治，一场好闹”的字样。这是儿童最喜爱的题材之一。（图 173）

图 173 猴抢草帽 清代山东潍县木版年画

猴抢草帽的题材，山东平度年画也有表现。这是一幅寓意买卖风快、商品畅销的吉利民间年画。它叙述的故事是：一个商人挑着一担草帽路过山林，被蜂拥而出的群猴抢去。有的乱扔乱扯，有的则学着商人的模样戴在头上。商人急得东赶西抢，但追了东跑了西。商人急中生智，把自己头上戴的草帽脱下来摞到剩下的草帽上面，猴子也都仿效他的动作把草帽送回了原处。年画表现的正是商人草帽被抢的情景。一担草帽已被十几只猴子抢得所剩无几，连商贩的扁担、褡裢、烟袋、烟荷包、褂子和一只鞋子也被夺去，弄得商贩叫天呼地、不知所措。但因这是一幅吉利画，所以商贩虽遭抢仍面带笑容。画上有题字：“花古（果）山。来此山道，猴抢草帽。无法也治，一场好闹。买卖风快。”后四字则点明了年画的吉利寓意。（图 174）

在西藏高原，人们随处都能见到一串串、一丛丛、一片片以经咒图像木版印于棉布、麻纱、丝绸和土纸上的各色小旗。这一面面的小旗，藏语称“隆达”，也有人称之为“祭

图 174 猴抢草帽 清代山东平度木版年画

马”“经幡”“祈愿幡”，但人们更习惯称之为“风马旗”。常见的风马旗的图像中心大多为一匹矫健的宝马，马背上驮着燃着火焰的宝贝，四角环刻着可以排除消极影响的四尊保护神。它们是象征深刻圆满的金翅鸟，象征穿透力的龙，象征警戒状态的老虎和象征胜利的狮子。一段经咒散置其间，图与文相映成趣。（图 175）

图 175 西藏风马旗

风马旗的印制过程并不复杂，却充满宗教严肃感，如所用的布、纸、油墨必须洁净，木版用过一次必须经过熏桑方可再用，工匠也应在工作前焚香净手诵经，并尽量选择朝东南方向的房屋做工作间，否则就会减损风马旗的神圣力。

除此之外，古钱中的十二生肖图案也很有特点。古代的铜钱是外圆内方，中间即谓“孔方”。明清时代的人们，将十二生肖和十二地支的对应铸在铜钱上，虽比普通钱大，但不作为货币流通，佩戴在身上，称作“压胜钱”。《古钱大辞典》引《稗史类编》：“命钱，面有十二生肖字。张端木曰：‘此钱旧称命钱，有地支十二字，又有生肖形。’生肖之说始于《淮南子》，则此钱不必出于近世也。今此钱有一字者、两字者、四字者、十二辰全者，大小不等，品种尤繁。”因此，生肖币又称十二支钱、命钱，也是装饰造型中颇有趣味的一个品种。

生肖钱币宋元时期即有铸造。有一种是穿孔之上铸一字，孔下铸相应生肖，如“子”字币铸鼠，“亥”字币铸猪，图案比较简单。另有一种，正面铸子、丑、寅、卯四字，背面铸鼠、牛、虎、兔四生肖。还有一种形式，正面铸“午生”，背面铸人、马图案；正面铸“酉生”，另一面铸人和鸡的图案，这就突出表现了人与生肖的关系。

有一种生肖钱，正面为两重圆圈，内圈铸十二支文字，外圈在同十二字相应处铸生肖；背面左右有“敕令”字样，右有托塔神衹，下为神兽。这类古币，其图形已超出了单纯的地支配生肖的内容。

还有一种图案采取连珠形式的生肖钱。此种形式正面的生肖分别嵌于十二个小圆圈内，穿孔为圆心，六个小圆圈围绕着形成一圈，外圈又由六个小圆圈围绕一周，以云纹图案间隔，十二生肖呈连珠形状，背面铸莲花、芦荻和双雁等图案。

另外，有的背有“长命富贵”“天下太平”等吉语文字。背八卦图形者，称“八卦钱”。背本命星官者，称“本命钱”。还有张天师驱鬼、龟鹤齐寿、加官进禄、降龙伏虎等图案，有不少是属于道教祈禳用钱。（图 176）

图 176 生肖 清代花钱

在民间，也有将生肖图形制成微型雕刻的，常见的有木雕、骨雕、石雕、果核雕等，所制成品只有指甲盖大小，染为黄色，或为材料本色，钻孔穿绳出售。小孩子买一个自己属相的雕刻，挂在胸前，既是装饰又能辟邪，是一件高兴的事。操此业者，持一简易木架走街串巷，木架上陈列着雕刻成品，边候卖边刻制。如今，在一些旅游景点有专干这种营生的。

正月十五捏生肖的风俗，在山东荣成一带流传至今，当地称之为捏属。农历正月十五这天，人们家家和面、户户捏属，一派节日气氛。捏属的面料，要用大豆磨成的细面，因为大豆有油性，豆面色泽鲜亮，又容易晾干定型。这些捏属或立或卧，或奔或飞，小巧玲珑，形象生动。动物的眼睛要用各色种子扎入，以此象征五谷丰登。生肖动物背上还要捏出一个小碗，小碗的作用是盛油装灯捻子，以供点燃用。小碗的形状也有讲究，马和猪要捏成元宝形状，叫作“金驹银猪驮宝来”，其他生肖则捏成十二花瓣式的碗，以此象征一年十二个月，有些捏属还被中国美术馆收藏。

北京民间工艺品“兔儿爷”，在清代《燕京岁时记》中就有记载：“每届中秋，市人之巧者用黄土抟成蟾兔之像以出售，谓之兔儿爷。有衣冠而张盖者，有甲胄而带纛旗者，有骑虎者，有默坐者。大者三尺，小者尺余。”对于骑虎兔儿爷，人们说是卯兔驭寅虎。成语“寅吃卯粮”形容入不敷出的窘境。而骑虎兔儿爷，让卯兔驭寅虎为坐骑，寓含卯吃寅粮、生活绰绰有余的意思。

山东高密聂家庄的泥塑，独具一格。据说捏这种泥玩艺，不是消遣娱玩，而是谋生的需要，从明朝万历初年就已开始，娃娃、禽、兽、虫、鱼等题材都有。直到清朝嘉庆年间，聂家庄泥塑由静态发展到会动、会叫、会逗趣的活玩艺。这期间出现了叫虎、叫鸡、叫猴等。制作时将首、尾分两部分，中间用皮革或牛皮纸连接，内装钢丝弹簧、哨子，用手摇动则会发出鸣叫声。对于泥叫虎的造型，民间艺人们信守的原则是：“这玩艺是给孩子玩的，只要花哨好看又能叫出声就行，不能太真了，太真了会给孩子们一种恐怖感。但也要合情合理，不能离了大谱。”因此，泥塑极力夸大老虎的头部，特别是虎口，以显示老虎威风凛凛、百兽之王的神态。为了便于生产，又不致使孩子玩时碰破，在耳朵和鼻子的设计上，只稍稍突出一些。老虎的尾巴和四肢的处理也很特别，虎尾本来是长长的，却设计得特别小，仅在虎腚上露出一个短短的凸突，四肢短而粗。在头部的圆盘中心，留有插哨子的空隙，只要按动虎头和虎尾，老虎就可发出稚气响脆的叫声。（图 177、图 178）

图 177 抱犬童子 山东高密聂家庄泥玩具

图 178 小虎 山东高密聂家庄泥玩具

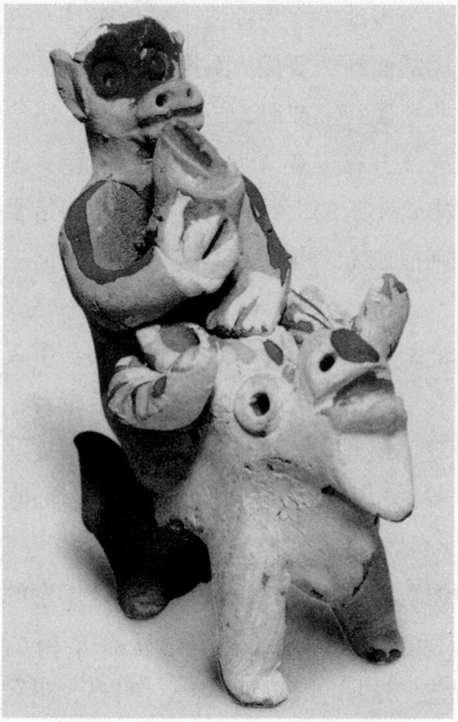

图 179 猴骑羊 河南浚县泥玩具

泥塑玩具猴骑羊是河南浚县泥玩具的一种表现形式，是采用黄胶泥手塑彩绘而成。在民间吉祥图案中，“封侯挂印”“马上封侯”“辈辈封侯”等形象随处可见。“羊”与“祥”字古音相通，“吉祥”多写成“吉羊”，民俗口彩中还有“三阳开泰”之说。因此，将猴子和羊塑在一起，被认为是聪明智慧、吉祥如意的象征。这种泥塑在着色时巧妙利用黄泥的本色为基调，只在猴子的面部涂一点红色，羊头和桃子略加点染，达到“画龙点睛”的效果，可以说是别具匠心。（图 179）

布玩具是一种用布缝制的消遣品，一般制作为各种具有吉祥寓意的动物造型，其中十二生肖是必不可少的，这些布制动物身上都装饰着十分精美的刺绣、挑花、布贴和剪花等。这些来自不同地区、不同风格，出自农村妇女之手的民间布玩具，让儿童从小把动物当作自己的知心朋友，从而潜移默化地从母亲那里接受爱和美的人性化的教育。例如，陕西洛川的布老虎高大雄伟，高高隆起的鼻子，大张着露出巨齿獠牙的嘴巴，两只铜铃似的眼睛，表现出的是一种凶猛无敌的形象。而山东莒县的布老虎则造型挺拔，怒目圆睁，虎视眈眈，表现出的是一种令人望而生畏的气势。北京的布老虎朴实浑厚，憨头憨脑，具有一种傻里傻气的幽默感。河南登封的布老虎，由于在眼睛、耳朵及嘴巴周围使用了兔毛装饰，因而显得端庄大气，造型丰满，装饰性极强，给人的印象更加威武敦实。（图 180、图 181）

图 180 老虎 山东莒县布玩具

图 181 老虎 河南登封布玩具

另外，六丁六甲还被绘在古代旗帜上。六丁六甲与二十八宿、四值功曹、三十六天罡、七十二地煞等都是道教护法群将。道书上说，六丁六甲能“行风雷，制鬼神”。名称全都取自干支，应该是值日神演化组合而来。这十二神最初是真武大帝手下神将，最终还得听从玉帝调遣，常与二十八宿等成群搭伙地到各处去平息事端。

明代军事家戚继光在《纪效新书》中说“六丁六甲旗十二面”，十二种人身兽首的神将披坚执锐，十二生肖各占一。这十二面军旗“旗色照方向，边同大旗之色，杆长一丈三尺，旗方五尺，顶用缨头雉尾珠络”。其中六丁旗帜六面，图案分别是：丁卯神将，兔首，身穿铠甲；丁巳神将，蛇首，双手执狼牙棒；丁未神将，羊首，扛长枪；丁酉神将，鸡首，持枪；丁亥神将，猪首，持戟；丁丑神将，牛首，持镋钯。六甲旗帜六面，图案分别是：甲子神将，鼠首，持钺；甲戌神将，犬首，持锤；甲申神将，猴首，持枪；甲午神将，马首，持偃月刀；甲辰神将，龙首，持狼牙棒；甲寅神将，虎首，持枪。

六丁属阴，六甲属阳，古人相信六丁六甲能呼风唤雨，降妖驱邪，军旅置备六丁六甲旗，有借助神力以图克敌制胜的意思。六丁六甲像将十二生肖人格化，它们同兵家战阵联系，被描绘为身着铠甲、手持兵器的形象。这不同于生肖俑的造型，是生肖动物人格化造型的另一种表现形式。（图 182）

丁未神將名叔通
丁卯神將名司馬
丁亥神將名張文通
丁酉神將名臧文公
丁巳神將名崔巨卿
丁丑神將名趙子玉
甲午神將名衛玉卿
甲戌神將名展子江
甲子神將名王文卿
甲申神將名扈文長
甲寅神將名明文章
甲辰神將名孟非卿

图 182 六丁六甲神像

如今，古老的生肖题材被搬上邮票，我国邮电部于1980年发行了第一枚“庚申年”的特种邮票，这枚邮票上的图案是一只昂头凝视前方的金丝猴。设计者既注意了题材的民族性和传统特点，又特别着意于出新和体现时代特点。

“辛酉年”是一只引颈啼晓的彩色大公鸡……第一轮生肖系列邮票的最后一张邮票是“辛未年”的羊，其图案是一只回首而立的羊，因而被集邮界称为“回头羊”。这枚邮票的设计者说，采取回首造型，一是因为它是第一轮生肖系列邮票的最后一枚，头向后，形成首尾呼应的格局，以求系列邮票的整体美感；二是含有回顾往昔的意思，回首十二年，弹指一挥间，提醒人们珍惜时光。（图 183）

图 183 中国生肖邮票

八、生肖的装饰特点

追求神似不拘泥于形似是我国装饰艺术的特色之一。十二生肖图案也不例外，它在中国装饰史上占有一席之地。这些生肖造型，是劳动人民在长期的生产劳动中，通过一双多情而富于思维的眼睛观察，然后由意生神，通过升华与凝练而形成的。

中国造型艺术可以说就是变形艺术，变形是手段而不是目的，其目的是为了传神达意。因此，在实用中求变形、在变形中求神韵，与自然的形态相比处在“似与不似之间”，才是一种真正的艺术创造。例如，殷墟曾出土过两件虎纹大磬，一件所刻的虎纹有着巨眼和大口，仿佛正在低吼；另一件两面都刻虎形纹，虎头也作张口吼叫状。其实，虎的形状并不重要，而是借虎写声，比喻磬的敲击声似虎鸣一样洪亮。（图 184 至图 186）

图 184 虎纹 河南安阳殷墟出土石磬

图 185 杜虎符 秦代青铜器

图 186 阳陵虎符 秦代青铜器

生肖动物装饰，要求它的每一主题都要来源于自然生活，但它又不以自然的再现为标准，而是以“艺术夸张”的手段去表现自然。通过艺术夸张使形象更典型，使其富有艺术的感染力。例如，传统的龙图案就是虚构的形象，在图案的变化处理上，人们运用幻想，使其充满着浪漫色彩。

自古人与动物是息息相关的，在上古时代，“禽兽多而人民少”（《庄子·盗拓》），人“同与禽兽居”（《庄子·马蹄》），人们食“鸟兽之肉，饮其血，茹其毛，未有麻丝，衣其羽皮”（《礼记·礼运》）。随后，有关动物的图案也随之产生。在动物题材的图案中，人们画的虽然是动物，但表达的却是自己的思想意识和感情。人们在以高度的热情、塑造驰骋跳跃的斑马、威风凛凛的野牛、羽翼绮丽的孔雀等动物的同时，无不显露出其在与大自然相处中萌发的希望和欢乐。

我们从文学作品中也可以看出人们对动物的描述，“老骥伏枥，志在千里”就是非常生动地将动物人格化的实例。生肖变化之所以较一般写实作品更生动、有趣，主要是因为其特有的理想化和高度概括化，赋予了动物画以耐人寻味的感情色彩。中国古典画讲究气韵生动、神出于形，利用形体的形式感和起伏变化来赋予作品的神韵和情趣。对动物图案变化的掌控，不仅需要深入研究其骨骼和肌肉的解剖结构，更需要把握动物的典型特征及其在运动中的变化规律和天然属性。创作者在强调外部特征的同时，应注重性格的刻画，以达到形神兼备。（图 187 至图 192）

图 187 马 唐代白陶

图 188 马 徐州市郊出土的西汉红陶器

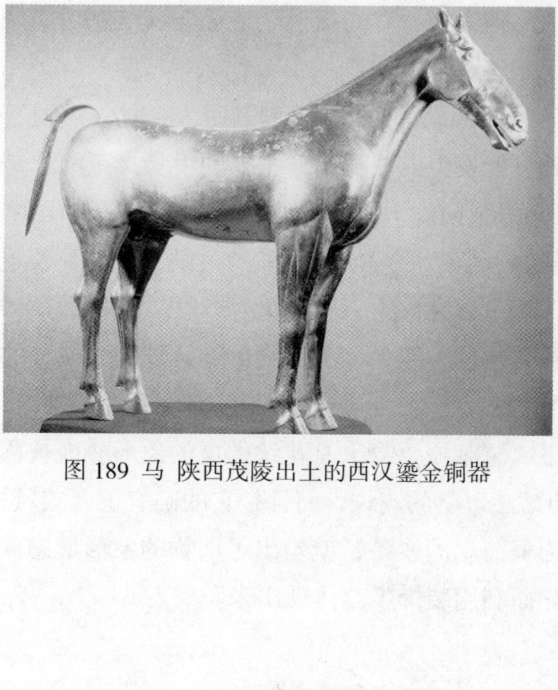

图 189 马 陕西茂陵出土的西汉鎏金铜器

图 190 马 陕西蒲城桥陵唐代石灰岩雕刻

图 191 啸马 陕西出土的唐代陶塑

图 192 驭马人 辽宁抚顺市元帅林的明代石雕

有关十二生肖的形象，我们从甲骨文中便可以看出以动物为造字对象的造字特点。《说文解字》称：“仓颉之初作书，盖依类象形，故谓之文，其后形声相益，即谓文字。”虽然汉字本于图形，但图形及刻绘符号还不能称为文字。甲骨文的出现，标志着我们所说的汉字图形开始形成。甲骨文是以图形方式表达一种含义，它的图形化特征与其信息功能是合为一体的。

“马”的甲骨文是头朝上、背朝右、尾朝下的一匹马的象形。马因其眼大、位高、颈长，故视野宽阔，即使在低头吃草时，也能觉察到可能发生的威胁。“牛”的甲骨文正面看是牛头的形象：两侧向上弯的部分是一双牛角，角之下向斜上方伸展的两笔是牛的一双耳朵。牛的特点是勤恳、忠厚、强健、温顺，任劳任怨，但“牛脾气”上来的时候，也是令人生畏的。“龙”的甲骨文是上为头、下为尾、左为腹、右为背的一条大龙的形象。《说文解字》称龙为“鳞虫之长”，即动物之首，或说排在首位的，它是多种动物的综合体。“蛇”的甲骨文是上部是蛇头、下部是蛇身的象形。在汉语词汇中，“蛇行”指的是全身伏在地上，爬着前进。“虎”的甲骨文是头朝上、尾朝下、腿朝左、身上有花纹的虎的象形。虎被称为“百兽之王”，这不仅仅因为它的脑门上有“王”字的花纹，而且是它的确有王者威风。

以上介绍了几种甲骨文的基本骨式，仅为很简单的线条，就勾出了动物的象形形态。动物的任何姿态，都可通过抓住其动势的变化而利用装饰工艺体现出来。

将生肖动物进行装饰化处理，其目的包括三个方面：一是通过变化使原对象的特点更强、更典型；二是通过变化使形象更美、更理想、装饰性更强；三是通过变化以符合工艺制作的要求。变化主要是对素材进行加工、提炼，使其变形、变体、变色，从而形成似与不似的“写意”形和基于客观事物的“写意”装饰形，它不求形象逼真，但求形象的神似。

通过变形后的形象，虽然不同于现实中的形象，但它必须要保留原来形象的主要特征，失去特征的变形是毫无意义的。因此，要使原有形象的特征得到加强，就要抓神态、抓动态、抓动物一瞬间的“瞬态”。动物的特征包括体态特征和局部特征两个方面。例如，公鸡在生肖装饰中是比较常见的，对鸡的尾羽和鸡冠的刻画，比如陶塑就做得很成功。在民间玩具中，布老虎是人们非常喜爱的，把这一凶猛的动物变得幼稚而可爱，成功之处在于抓住了虎的典型特征而加以夸张。（图 193）

动物有着自身的形体美，这美是客观存在的；而人们在自然美的基础上经过人为加工则属于人工美，这种以自然美的基础所创造的美别有一番韵味。自然美与人工美是矛盾而又统一的，自然中不美的部分，经过人的改造可能会变成美；有时自然本身本来就是美的，但经过人的改造加工之后，美反而失去了。因此，艺术应当使自然的美更美。对自然美加工的方法是很多的，如将猴子的毛发变得整齐划一，将猪的身体变得圆中带方，将蛇和龙的身体变得细长柔和，将老虎的腰身变得柔软等，都是在自然美的基础上变化出的一种朴素的美感。（图 194）

图 193 鸡 三国时代的陶塑

图 194 四羊纹 商代铜方尊

首先，优美是生肖装饰设计的基础。试想，将报晓的大公鸡变得圆乎乎的，不但在形体上看不出其雄赳赳的气度，就连身披美丽的羽翎也难以表现出特征。因此，具有优美风格的动物图案，应具有灵巧、曲线、流畅、悦目等特征，人们观赏时可获得轻松柔和的感觉。

其次，动物的壮美是与动物的优美相对应的一种美。在形式方面，壮美风格的动物图案具有阳刚、力量、雄浑、劲健、直线、奔放等特征。人们观赏时可获得激动震撼的感受，给人以力量感。

有时，为了表现动物的可爱一面，可追求一种稚拙的美，这种风格的图案具有一种天真、稚趣、幽默、直率的特征，犹如天真的儿童，给人以活泼感。这种稚与拙，不是笨拙，而是“大巧若拙，由巧返拙，不觉其巧，只觉其妙”。

新奇美也是动物装饰设计的基本特征之一。这种具有反常化的设计，常采用“分解重构”和“幻象重构”的形式，表现出奇异新颖、诡谲怪诞的感觉，具有奇特、荒诞的特点。通过新奇的造型而创造的动物美，人们观赏时可满足好奇心，获得一种搜奇探胜、超脱平庸的感觉。

一个较为完整的动物设计，应当是源于自然形，应当使实际形象更典型和更理想化。首先，应抓住形象的生长规律，竭力突出特征，使其有与众不同的特点。力求突破自然形态的束缚，强调设计者的用意和理念，并运用几何元素的功能来归纳形体与动态，从而简化形象，力求“神似”。应充分发挥作者的想象力、表现力和变化能力，给艺术形象插上翅膀。倘若能赋予动物“人格化”，做到“物与神游”，将会更增添无限的魅力。其次，要有时间感和空间感。在视觉艺术中，形象、构图、色块等关系，被展示为空间的存在关系。所以，从时空关系来讲，视觉艺术具有节奏与韵律的感觉，如同听觉艺术的节奏韵律一样，有了它就大大增强了感染力和生命力。（图 195）

图 195 牛 东汉时代的错银铜灯

下面就介绍几种常用的生肖装饰手法。

其一，修饰手法。从装饰的角度看，动物的自然形态杂乱，有些不符合装饰美的要求。因此，将其中不规则的部分进行整理，使外形的边缘整齐化；把杂乱、琐碎的形线修饰整齐，使其具有柔顺的美感。修饰是在自然形态的基础上加以调整，留下最典型、最富有特征的部分。例如，汉代画像石中的公牛，或狂奔，或行走，或角抵，表现出的是一种宁死不屈、只进不退的斗牛场上的蛮劲。那尖耸的牛角，丰隆的颈背，劲挺的四肢，挥动的牛尾，无不带有一种力量感。这力感来自作者对牛体结构的熟知及对牛的个性、神情等造型要素的了解。在不失生活真实的基础上，作者通过对牛体的修饰，强调出牛的关键特点，即使在大胆变形之下，仍使人感到真实。（图 196、图 197）

图 196 两牛相斗纹 河南南阳汉代画像石

图 197 两牛相斗纹 河南南阳汉代画像石

其二，简化手法。简化是指艺术的省略与概括，是对原形象进行加工和提炼。虽然与现实形象的距离较大，但它强调了本质特征，夸张了个性，削弱了共性的东西；虽然不是逼真的写照，但追求的是神似，很容易唤起人们的共鸣心理。例如，著名的“马踏飞廉”是汉代工匠的杰作。这匹身披宝绿，扬尾奔驰的马，重心踏在一只迅飞的神鸟身上，使人联想到奔马似在腾空飞奔。试想，飞马的身体如果不进行简化处理，只是按照自然生命形态的真实感来表现，又怎能有如此的震撼力？

简化不是简单地少画，而是一种概括和提炼，是艺术的再创造。简化的手法关键是去掉一些不重要的或缺乏装饰特点的细节部分，使图形更单纯、更典型化。通过概括其形体，表现其特征，美化其形色，使其比自然形态的物象更典型集中、更优美生动。（图 198）

图 198 玉兔、家禽、树下系马、牛车图
陕西绥德汉代王得元墓画像石

一般动物被诸如毛、羽、鳞、甲等覆盖全身，结构不很明确，简化时就需要留取骨干支架，以显其美丽形态。简化手法在民间泥塑中得到了发展。以

无锡泥人为例，为了在生产时便于脱模，泥人的身体各部分均给予大胆概括，甚至简练到接近圆柱形的程度。在艺术处理上，有“搭搭满、细细减、色色爆，去中心、化边口，以一当十留弯头”之说。其中，“细细减”就是一种简化手法。“化边口”是说在袖口、裤管口及衣边下摆等处，都要花一定的功夫进行装饰加工，使之丰富而有变化。“以一当十留弯头”是指在衣纹处理上要以一当十，以少胜多，衣褶衣纹要尽量少，尽量用在运动关节和人体活动弯曲的地方。同样，对动物的处理也是如此。

其三，夸张手法。夸张是塑造形象的一种重要表现手法，对生肖装饰来说作用更为突出。夸张的前提是简化，简化的目的是为了更好地夸张。简化是指减去的部分，而夸张则是指保留的部分，即使庞大的部分更庞大、纤细的部分更纤细、直的地方更直、曲的地方更曲。夸张是通过直接加强主要特征方法，使图形更具感染力。夸张变形时要善于运用大与小、多与少、曲与直、疏与密、虚与实、粗与细等对比关系，以此来更好地达到夸张的效果。夸张要符合对象的特性，要合乎形式美的要求，夸张过分就成了荒谬，让人产生反感。

不同的动物外形表现出不同的形态特点，这些外形特点又能反映出动物的性格特征。如大公鸡的大红冠，长而飘忽的尾羽等。公鸡那雄赳赳、气昂昂、昂首阔步傲视一切的神态，足以给人们提供夸张的依据。另外，公鸡丰满的羽毛、斑斓的花纹、艳丽的色彩等，也都会给人以装饰和夸张的某种提示。

图 199 猪 汉代陶器

动物具有动态和静态两种形象，动态也是形象塑造的重要方面。各种动物由于性格、体形以及所处的环境不同，其动作也各异。例如，食草动物能躺不能坐，它们既无利爪也无利牙，有的只能依靠头上的角来自卫。如没有角便具备其他的特殊生存本能——身上长刺、变色等。而食肉动物能张牙舞爪，能坐，能吓唬对方和主动进攻。（图 199）除体态的动势外，耳、尾、翅、足等也是表现动态的重要组成部分。例如，汉代石刻的马便是用马腿的多种变化，以表现其行走、奔驰、负重、伫立等不同的动态。

在神态的夸张上，主要抓眼神、耳鼻、嘴形等富有表情的部位进行夸张，着重表现动物的神韵趣味，通过这些神态表现动物的逃躲、进攻、偷袭等心理活动。例如，食草动物的眼长在额的侧面，颈长腰短，能顾前观后，便于防守；而食肉动物的眼多长在额的前面，有锐利的牙和爪，颈短腰长，体形灵活，便于攻击捕食。（图 200、图 201）

总之，夸张要舍弃对象存在的某些细节，以突出特征，强调写意和传神。以虎为例，殷商时期雕塑的小石虎和战国时期镶于器盖上的虎形都呈现出老虎将要攫物时的“虎视眈眈”的神情。战国中山王墓中出土的虎噬鹿铜器座，器座错金银，像一猛虎攫食幼鹿。

图 200 虎 宋代白釉瓷哨

图 201 卧狗 宋代瓷器

虎形庞伟雄健，鹿体弱小，延颈绝叫。虎背有方柱形插口，饰以倒置的兽面纹。据研究，此器可能为漆木屏风的底座。从这件作品中，我们可以看出，虎的右前爪紧紧地抓住鹿蹄，用巨口衔鹿，仿佛能闻到咬嚼声。老虎的造型姿态，以曲线和直线并用，直线出现的地方，往往是在口、足、肘等形态变化较大的和用力的地方。这只噬鹿的虎胸腹贴地，四腿遒劲，脚爪尖锐，筋肉强健，充分表现出食肉动物矫捷灵敏的动作姿态。整个脊背的轮廓线则与尾部连成一条长长的弧线，与方线的部位构成一种对比。金银交错的质地既表现出虎的皮毛色泽，又富有肌体颤动、有血有肉的生命感。总的来看，汉代对虎的造型，一般是既用长线夸张虎的脊背轮廓线，又极力夸张四条腿的动势线。前后腿的线条刻意拉长，几乎与腹部成一直线，注重的是大幅度韵律的动势。（图 202）

图 202 虎噬鹿 战国时代铜器座

其四，平面手法。平面化是中国传统艺术的一大特征。平面处理就是将物象由三度空间移至二度空间，强调其平面感，极少采用透视法。构图平、色彩平、造型平，是装饰艺术中的“三平手法”。平面化的艺术处理是针对立体结构而言的，它不是简单地勾线平涂，而是在“平”里求变化。切忌平板，要平而耐看，平而有艺术趣味。这种表现手法从战国时代铜壶、盘上的《攻战图》《宴乐图》开始，到汉代广泛应用于画像石、画像砖上，一直流传到今天，而且影响着中国绘画。像《清明上河图》《长江万里图》等，特别是工艺美术方面的装饰画都采用这种表现手法。有人把平面手法称为“散点法”，即把眼睛在移动中看到的物象集中表现于一幅画面中。（图 203、图 204）

图 203 天马、吉羊纹 甘肃宋元时期的画像砖

图 204 天马、吉羊纹 甘肃宋元时期的画像砖

其五，剪影手法。剪影是通过外轮廓表现各种动物，一般其侧面效果较好。剪影的形象如果想清晰，既写实又具有装饰性，其关键是要抓主要特征。因此，剪影的特点是语言简练、内涵丰富，删繁就简，省略某些局部和细节，以加强整体感。剪影也可以理解为概括，使形象条理化和整齐化。当然，对于有价值的细节应予保留，不能因简化而显得贫乏。

其六，巧合手法。将两种物象巧妙地结合在同一个图形里，要求画面构思巧妙，图形契合自然，物象特征清楚，图形优美。巧合大致分为两种：第一，共体的巧合，即两种物象的形体完全重合或部分重合；第二，共边缘的巧合，即两个物象边缘重合。

巧合手法也称为共生手法，形与形的轮廓线之间相互成为对方的一部分，相互借用，组成巧妙的两形共用一条轮廓线的图案。共生图案在很早以前就已经出现，中国原始彩陶纹样的花形图案中，每一朵花瓣都相互借用，形成连续的、不可分割的图案。在敦煌藻井图案中，有一幅人们比较熟悉的“三兔纹”，是三只相互追逐的兔子，本应该有六只耳朵，而画面上只有三只，但无论从哪个角度看，每只兔子都有了两只耳朵，既简洁又巧妙。（图 205）

无论采用何种手法去表现生肖动物，都要注意动物自身的比例关系，比例是决定事物整体美的重要元素，也是构成动物身体各部分之间匀称、和谐的主要因素，完美的动物设计都有着适度的比例尺度。比例具有尺度的概念，比例和尺度是生产中的规范，黄金矩形的长边和矩边之比就是比例尺度的美，即数理美的矩形。离开比例尺度，产品就没有规格，人的审美就没有标准。飞禽走兽的四肢、两翼、嘴形、脚形等比例的形成，都是为了适应自然环境而产生的。所以，生肖动物图案设计绝不能随心所欲，必须在一定的比例尺度的制约下进行。图案中块面的大小、线条的长短粗细、纹样排列的疏密以及色彩的配置等，都要采取相应的比例关系加以处理。（图 206 至图 214）

图 205 三兔宝相花纹 甘肃敦煌莫高窟唐代藻井壁画

图 206 公鸡 山东苍山泥哨

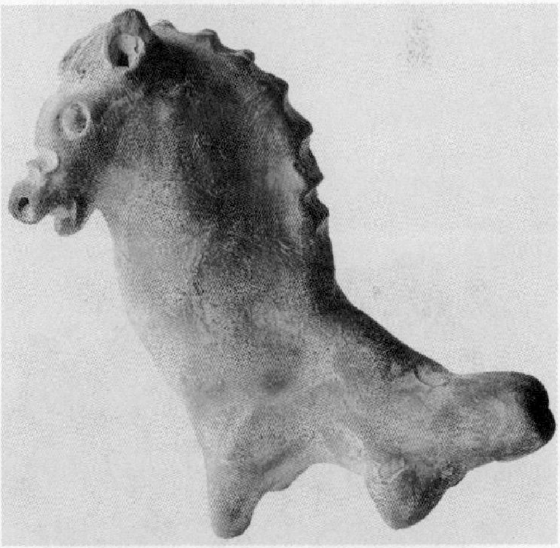

图 207 马 山东枣庄泥玩具

图 208 双头猴 河南淮阳泥玩具

图 209 虎头 陕西凤翔彩塑挂件

图 210 龙戏珠 贵州黄平泥玩具

图 211 虎 陕西面塑

图 212 猪八戒背媳妇 山东冠县面塑

图 213 三猴烫猪 四川锦竹清代年画

图 214 举虎 河南朱仙镇清代木版年画

总之，在进行生肖装饰创作中，不能为了比例而比例，也不能为了形式而形式。否则，必然导致作品浅薄、僵化、呆板，缺少艺术深度，缺乏艺术感染力和生命力。尽管生肖装饰设计要注重形式美，但在创作时设计者必须将强烈的情感和感性体验融入作品中去，这是前提。有灵魂和生命的作品才是活的，才会有感染力。

第二章

生肖造型鉴赏

一、鼠的造型

215

216

217

218

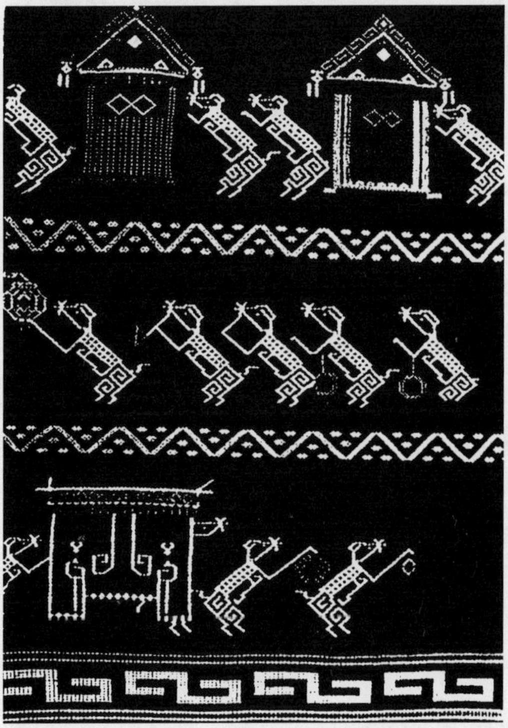
219

图 215 鼠纹 陕西西安出土唐代杨执墓志石刻
图 216 鼠纹 唐代李景由墓志石刻
图 217 鼠纹 四川什邡市出土唐代金腰带
图 218 三鼠出廓图 清代玉璧
图 219 老鼠娶亲 土家族织锦

220

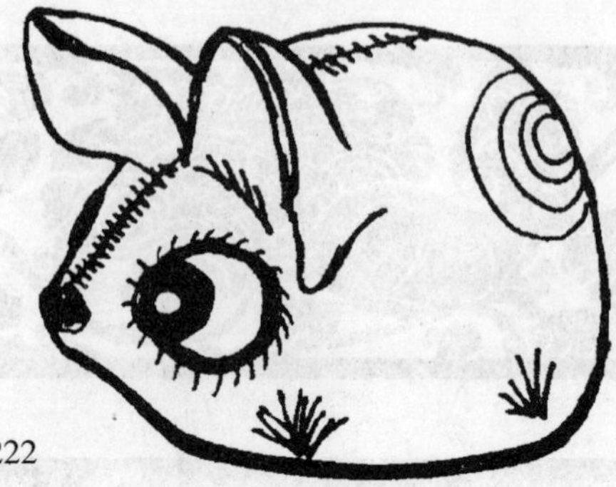

222

221

223

图 220 吐宝鼠 藏族图案
图 221 老鼠上灯台 山东泥模
图 222 鼠 北京布玩具
图 223 鼠 山西布玩具

225

图 224 老鼠娶亲 民间布玩具
图 225 老鼠娶亲 清末民初
陕西神木木版年画

224

226

227

图 226 老鼠娶亲 苗族剪纸
图 227 老鼠娶亲 苗族剪纸

228

229

230

231

232

233

234

图 228—图 234 鼠 山东高密范祚信剪纸

二、牛的造型

235

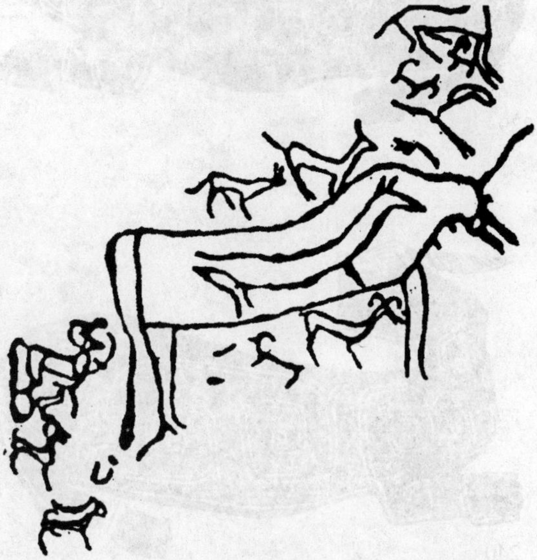
237

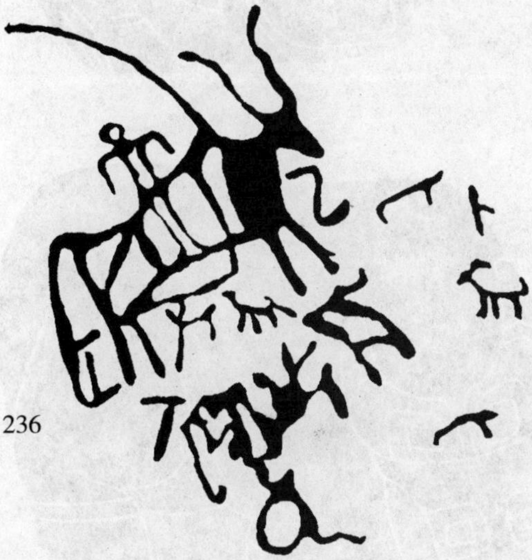
236

238

图 235 牵牛图 内蒙古阴山岩画
图 236 骑牛图 内蒙古阴山岩画
图 237 巨牛图 内蒙古阴山岩画
图 238 巨牛图 宁夏贺兰山回回沟岩画

239

240

241

242

243

244

图 239、图 240 卧牛 河南安阳殷墟出土玉器
图 241、图 242 牛首 殷代玉器
图 243、图 244 卧牛 殷代玉器

245

248

246

249

247

250

251

252

图 245—图 252 牛头纹 商代青铜器

253

254

255

257

258

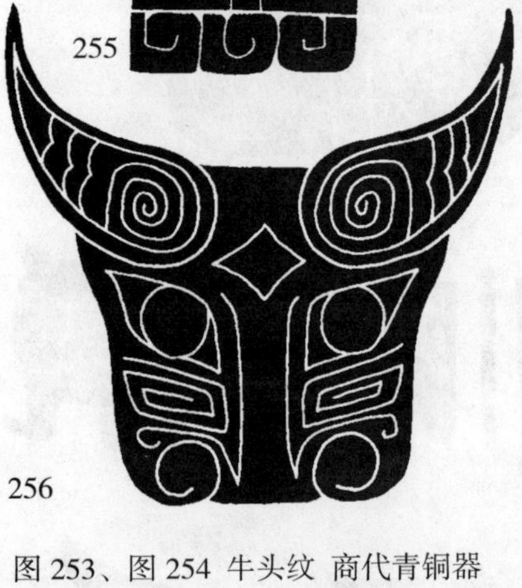
256

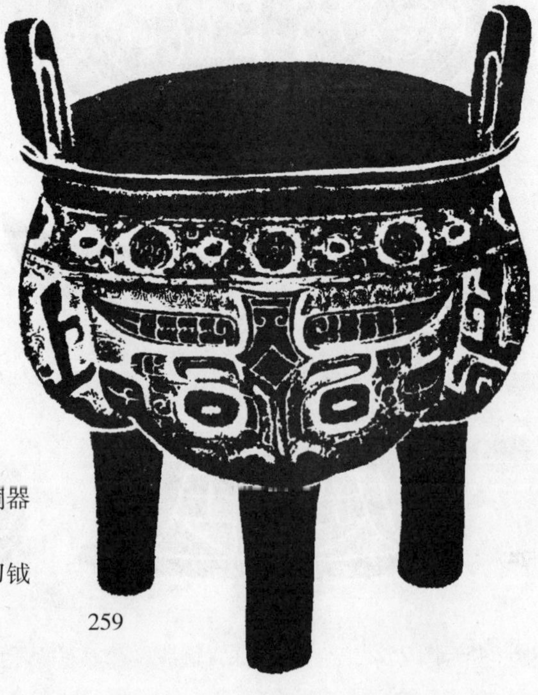
259

图 253、图 254 牛头纹 商代青铜器
图 255 牛头状兽首 山西灵石县旌介村出土的商代青铜器
图 256 牛头兽面纹 商代青铜器
图 257 牛头纹 四川彭州市出土的西周早期青铜舌形刃钺
图 258 牛首纹 西周青铜器
图 259 牛首纹 西周青铜鼎

260

261

262

263

264

265

266

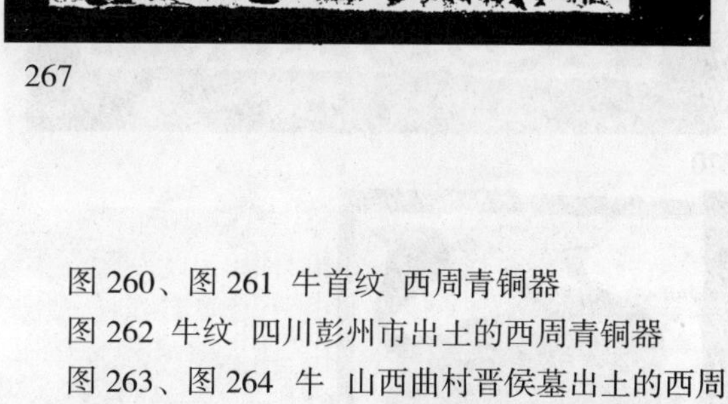
267

图 260、图 261 牛首纹 西周青铜器
图 262 牛纹 四川彭州市出土的西周青铜器
图 263、图 264 牛 山西曲村晋侯墓出土的西周玉器
图 265 牛 辽宁凌源市出土的战国金牌饰
图 266 牛耕图 陕西米脂出土汉代画像石
图 267 牛耕图 陕西绥德出土的汉代画像石

268

269

270

271

272

273

274

图 268、图 269 牛耕图 陕西绥德出土的汉代画像石
图 270 牛车 陕西清涧出土的汉代画像石
图 271 奔牛图 陕西绥德出土的汉代画像石
图 272 牛与家禽 陕西绥德出土的汉代画像石
图 273 二牛相抵图 陕西绥德出土的汉代画像石
图 274 耕牛 安徽淮北出土的汉代画像石

275

276

277

278

279

280

281

282

283

284

285

图 275 耕牛 安徽淮北出土的汉代画像石

图 276、图 277 树与牛纹 山东沂南出土的汉代画像石

图 278—图 281 牛纹 山东出土的汉代画像石

图 282 牛纹 河南南阳出土的汉代画像石

图 283 斗牛图 河南南阳引凤庄出土的汉代画像石

图 284 阉牛图 河南方城县出土的汉代画像石

图 285 耕耘图 江苏睢宁双沟出土的汉代画像石

286

288

289

287

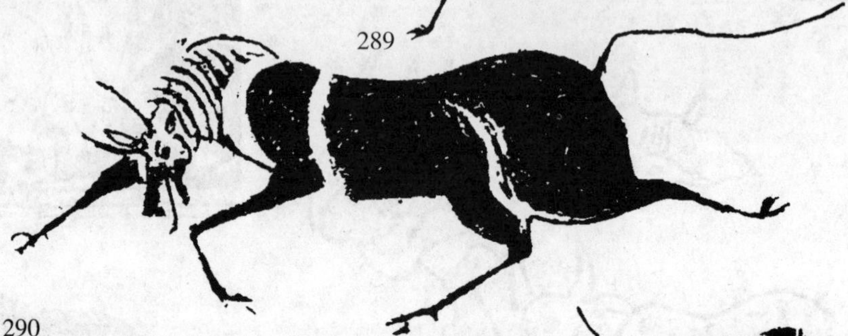

290

291

292

293

图 286—图 293 牛纹 河南南阳出土的汉代画像砖

294

298

295

299

296

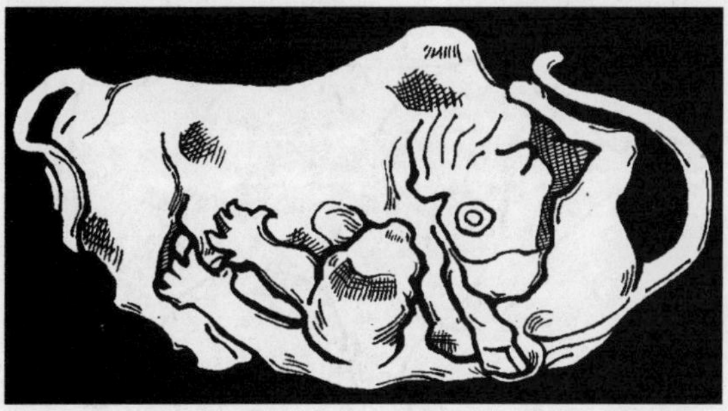
297

图 294、图 295 斗牛图 河南郑州出土的汉代画像砖
图 296 奔牛图 河北定县出土的汉代金错铜车饰
图 297 虎牛搏斗纹 云南石寨山出土的汉代铜饰
图 298 负罐牛 汉代铜尊
图 299 牛 江苏甘泉山出土的东汉时期的错银铜灯

300

303

301

304

302

305

306

图 300 四牛纹 云南江川县李家山出土的汉代铜器
图 301、图 302 牛纹 云南江川县李家山出土的汉代铜鼓
图 303 牛纹 汉代漆器
图 304 奔牛图 江苏扬州姚庄出土的汉代漆器
图 305 立牛 河北吴桥出土的北魏陶塑
图 306 立牛 宁夏彭阳出土的北魏陶塑

307

308

309

310

311

312

313

314

图 307　牛车纹　甘肃嘉峪关市新城古墓区出土的魏晋画像砖

图 308　牛纹　甘肃嘉峪关市新城古墓区出土的魏晋画像砖

图 309　牛车纹　甘肃嘉峪关市新城古墓区出土的魏晋画像砖

图 310　立牛　北朝陶塑

图 311　牛车纹　甘肃张家川回族自治县木河乡出土的北周石刻

图 312、图 313　野牛纹　南北朝石刻

图 314　牛车纹　北魏石刻

315

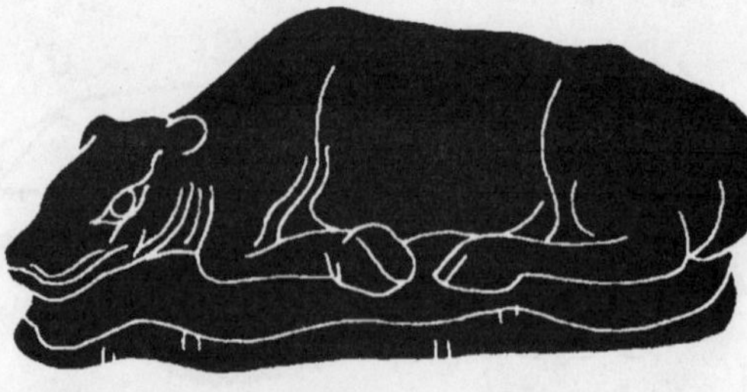

318

316

319

317

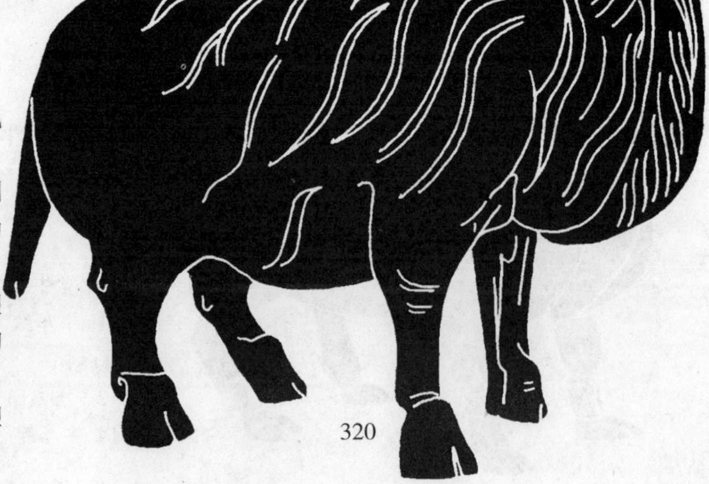

320

图 315　牛纹　陕西西安出土的唐代杨执墓志上的石刻
图 316　牛纹　李嗣本墓志上的唐代石刻
图 317　立牛　河南偃师唐柳凯墓出土的唐代陶塑
图 318　卧牛　河北献县出土的唐代陶塑
图 319　卧牛　山西长治市出土的唐代陶塑
图 320　立牛　河北献县出土的唐代陶塑

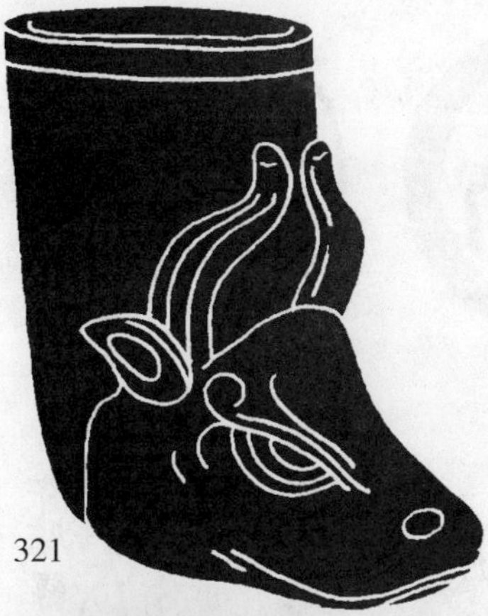
321

322

323

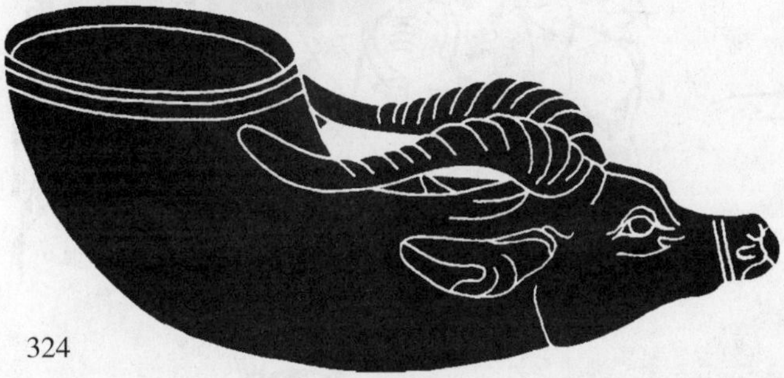
324

326

325

图 321—图 324 牛首杯 唐代玉器
图 325 挤牛奶 甘肃敦煌莫高窟第 159 窟唐代壁画
图 326 耕作图 陕安西榆林窟第 25 窟唐代壁画

327

331

332

328

333

329

334

330

图 327—图 329 放牧图 明代青花瓷盘
图 330 牛纹 安徽徽州清代墨模雕刻
图 331 牧牛图 明代花钱
图 332 卧牛图 清代花钱
图 333 槽头兴旺 清代徐州纸马
图 334 芒神 清代山西襄汾灯画印本

335

336

337

338

339

340

341

342

图 335、图 336 春牛图 陕西西安清代木版画
图 337 牛马贺春 陕西西安清代木版画
图 338—图 340 春牛图 江苏苏州桃花坞清代年画
图 341 春牛图 河北新城泥模
图 342 春牛图 河北新城泥模

343

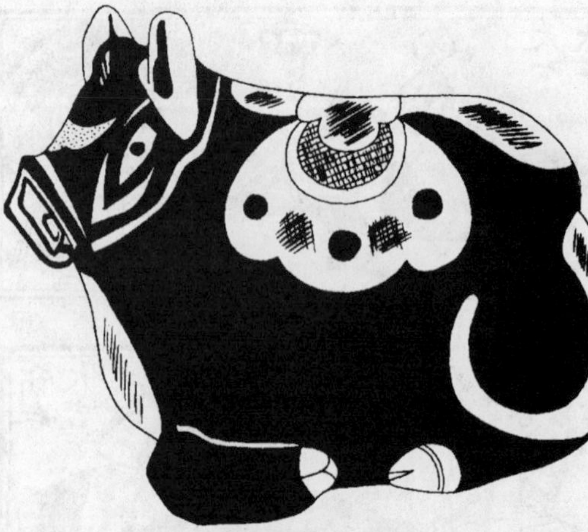
346

344

347

345

348

349

图 343—图 346 卧牛 陕西泥玩具
图 347—图 349 斗牛 民间泥玩具

350

353

354

351

355

352

356

357

图 350 春牛 民间泥玩具
图 351 卧牛 民间泥玩具
图 352 童子骑牛 民间泥玩具
图 353—图 357 牛纹 山东高密范祚信剪纸

三、虎的造型

358

359

360

361

362

363

364

365

366

367

图 358 虎群 内蒙古阴山岩画
图 359 猛虎图 内蒙古阴山岩画
图 360 双虎首 新石器时代玉璜
图 361 虎 新石器时代玉璜
图 362—图 367 虎 河南安阳出土的殷代牙雕簪

368

369

370

371

372

373

374

375

376

377

378

379

380

图 368—图 380 虎 河南安阳殷墟出土的商代玉饰

381

382

383

384

385

386

387

388

389

390

图 381—图 388 虎 河南安阳殷墟出土的商代玉饰
图 389 虎扑人头纹 河南安阳殷墟出土的商代青铜器
图 390 虎纹 陕西城固县五郎出土的商代青铜钺

391

392

393

394

395

396

图 391 虎食人纹 商代铜器
图 392—图 395 虎纹 商代铜器
图 396 双虎纹 河南安阳殷墟出土的商代彩绘盾

397

402

398

403

399

404

400

405

401

图 397 立虎 湖北江陵出土的西周青铜尊

图 398 虎纹 西周青铜器

图 399、图 400 双虎纹 春秋时期的青铜器

图 401、图 402 虎攫鹰纹 春秋时期的错金铜戈

图 403、图 404 虎纹 甘肃庆阳地区出土的春秋时期的铜带饰

图 405 虎纹 战国时期的青铜戈

406

407

408

409

410

411

412

413

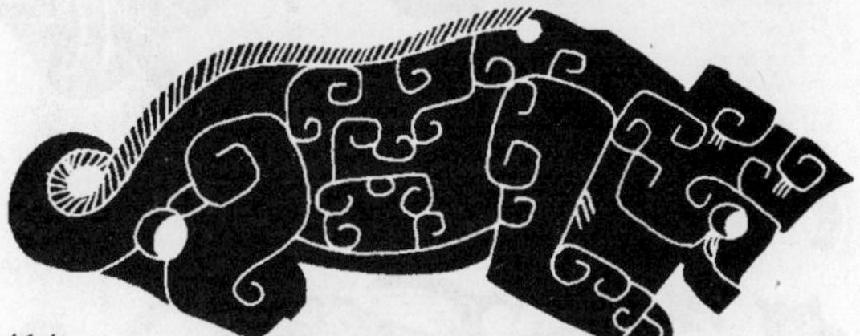
414

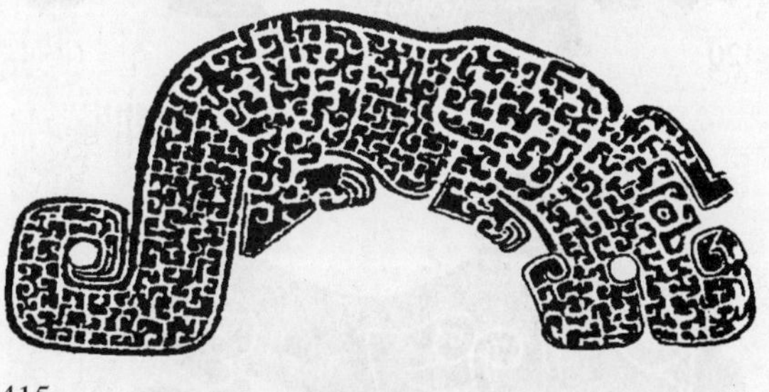
415

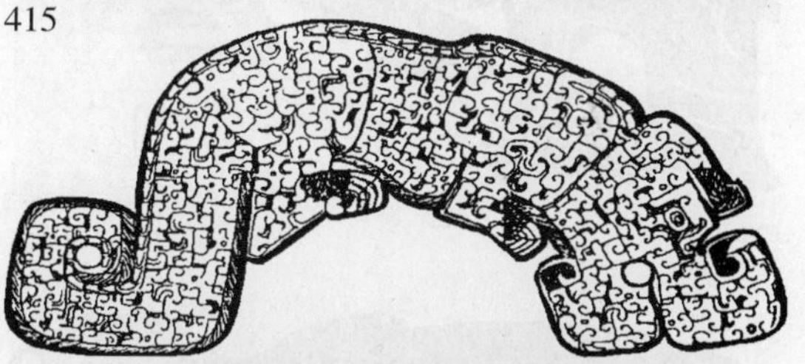
416

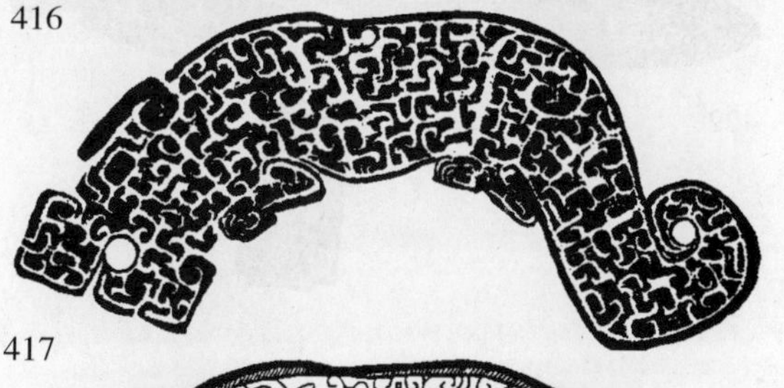
417

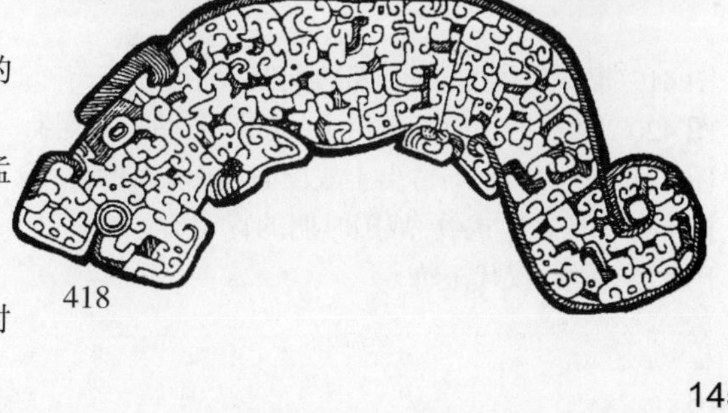
418

图 406　猛虎食羊纹　甘肃庆阳地区出土的战国时期的青铜带饰

图 407—图 412　虎纹　河南光山县宝相寺上官岗黄君孟夫妇墓出土的战国时期的玉饰

图 413、图 414　虎纹　战国时期的玉饰

图 415 至图 418　虎纹　陕西宝鸡益门村出土的战国时期的玉佩

419

420

423

421

424

422

425

图 419 虎噬鹿纹 战国时期的铜器
图 420 虎纹 四川简阳市出土的战国时期的青铜器
图 421 虎纹 四川绵竹出土战国时期的青铜戈
图 422—图 424 虎纹 战国时期的青铜器
图 425 虎纹 汉代玉饰

426

428

427

429

430

图 426 虎纹 汉代玉饰
图 427 螭虎纹 江苏邗江出土的汉代玉璧
图 428 飞虎纹 汉代玉璧
图 429 螭虎纹 北京丰台区郭公庄大葆台出土的汉代玉器
图 430 龙虎纹 汉代玉璧

431

432

433

434

435

436

图 431—图 435　虎纹　河北定州（定县）出土的汉代金错狩猎纹铜车饰

图 436　双虎纹　云南祥云县俭村出土的汉代铜编钟

437

438

439

440

441

442

443

444

图 437—图 445 虎纹 汉代铜器
图 446、图 447 卧虎 汉代虎符
图 448 卧虎 王莽时期的虎符
图 449 双虎 河南淮阳北关出土的汉代石刻

445

446

447

448

449

450

451

452

453

454

455

456

457

458

459

460

图 450 斑纹猛虎 山东苍山县出土的汉代石画像

图 451 飞虎纹 安徽淮北出土的汉代画像石

图 452、图 453 飞虎纹 安徽淮北出土的汉代画像石

图 454 奔虎纹 河南南阳出土的汉代画像石

图 455、图 456 虎纹 汉代画像石

图 457 虎斗野猪 汉代画像砖

图 458 虎纹 陕西咸阳市出土的汉代空心砖

图 459 双虎纹、璧纹 陕西出土的汉代空心砖

图 460 双虎云纹 陕西出土的汉代空心砖

461

462

463

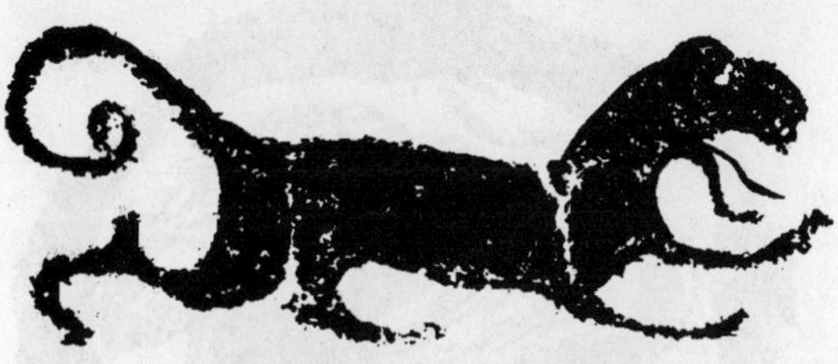
464

465

466

467

468

469

470

471

图 461、图 462 双虎纹 陕西出土的汉代空心砖
图 463 双虎纹、璧纹 陕西出土的汉代空心砖
图 464、图 465 虎纹 四川出土的汉代画像砖
图 466—图 469 虎纹 河南洛阳出土的汉代画像砖
图 470、图 471 白虎纹 河南郑州出土的汉代画像砖

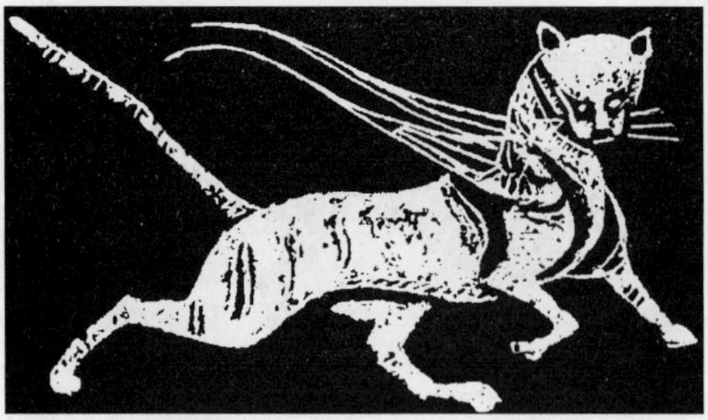
472

473

474

475

476

477

478

479

480

图 472—图 477 虎纹 河南南阳出土的汉代画像砖
图 478 白虎纹 陕西出土的汉代瓦当
图 479 白虎纹 汉代瓦当
图 480 白虎纹 汉代瓦当

481

485

482

486

487

483

488

484

图 481 松风虎纹 宋代瓷枕
图 482 虎纹 宋代瓷枕
图 483 虎纹 金时期的磁州窑瓷枕
图 484 卧虎花纹 金时期的白釉瓷枕
图 485—图 488 虎纹 金时期的瓷枕

489

490

491

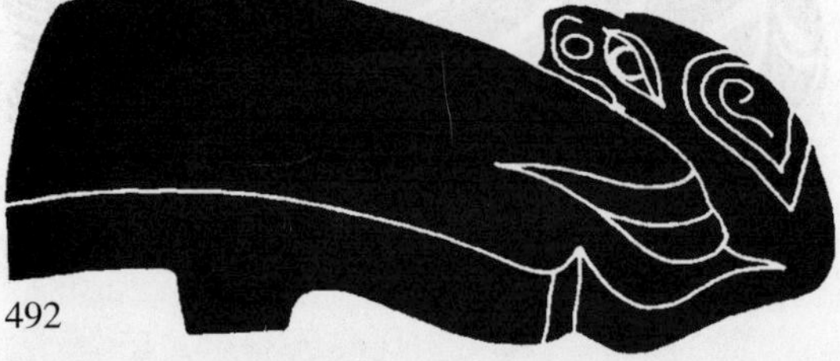
492

493

494

495

图 489、图 490 虎纹 金时期的瓷枕
图 491 乳虎纹 明代青花瓷盘
图 492 虎纹 清代玉带钩
图 493 虎纹 清代玉印章
图 494 虎纹 清代玉器
图 495 虎面纹 清代花钱

496

497

498

图 496、图 497 虎纹 清代山东木版年画
图 498 镇宅神虎 清代山东潍县木版年画

499

501

500

502

图 499 镇虎图 清代福建泉州木版年画
图 500 虎纹 清代藏族木版佛画
图 501 五雷符 清代陕西凤翔咒符
图 502 五雷符 清代甘肃天水咒符

503

504

505

506

507

508

510

509

图 503—图 506 台湾镇宅咒符
图 507 雷霆白虎之神 云南丽江纸马
图 508 白虎 云南白族纸马
图 509 虎 山西面花
图 510 杨香扼虎救父 刺绣荷包

511

514

515

516

512

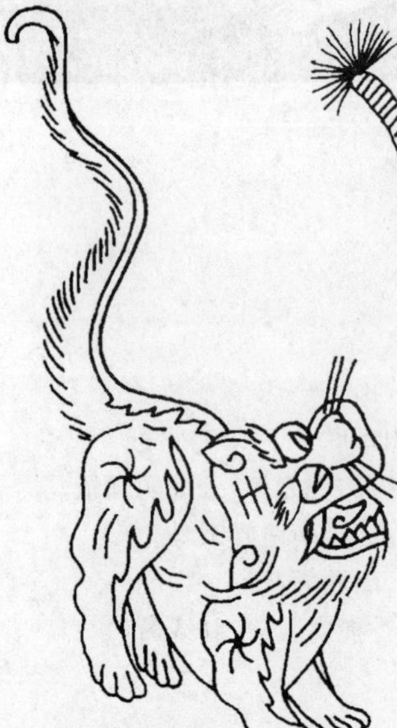

513

517

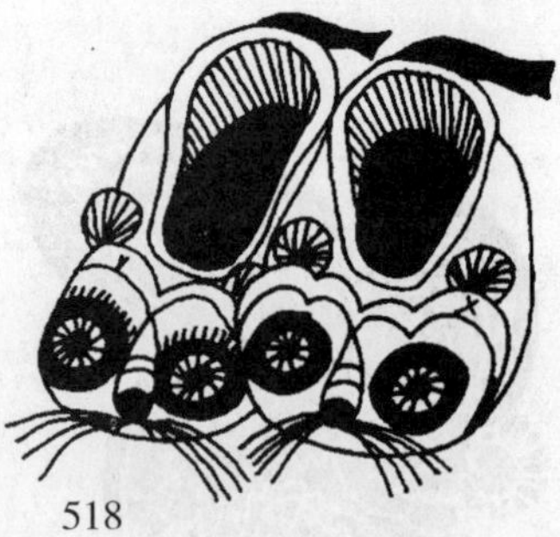

518

图 511—图 513 虎纹 苏州刺绣版刻
图 514 虎 香包
图 515 虎头 河北锦帽
图 516 虎头 云南白族绣花童帽
图 517、图 518 虎头鞋 刺绣

519

520

521

523

524

522

525

图 519 虎头鞋 刺绣

图 520—图 525 虎头帽 陕西刺绣

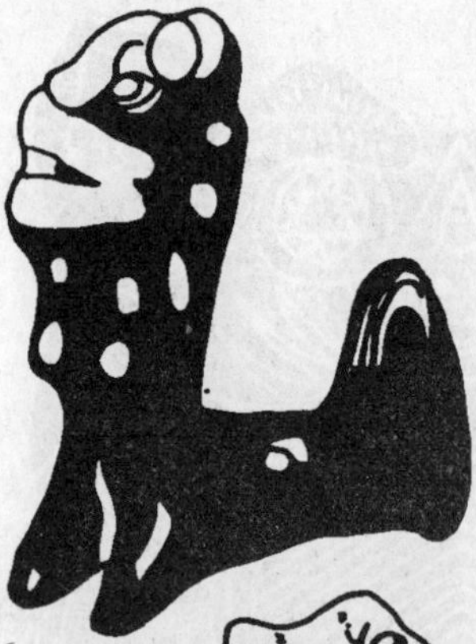
526

530

531

527

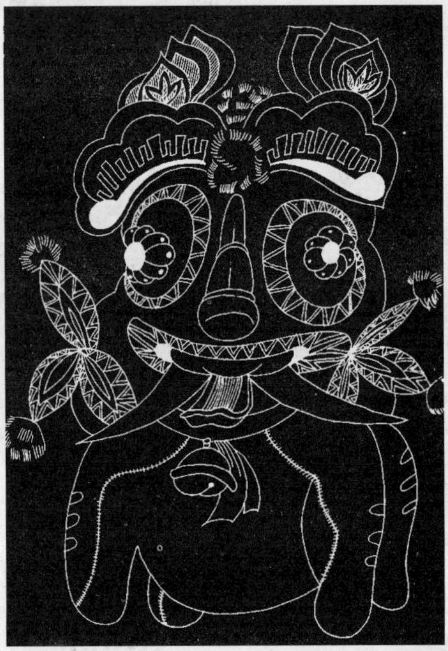
532

533

528

534

535

529

536

图 526、图 527 虎 陕西泥玩具
图 528 虎 河南淮阳泥玩具
图 529、图 530 叫虎 山东高密泥玩具
图 531 虎 木玩具
图 532—图 536 虎 陕西布玩具

四、兔的造型

537

538

543

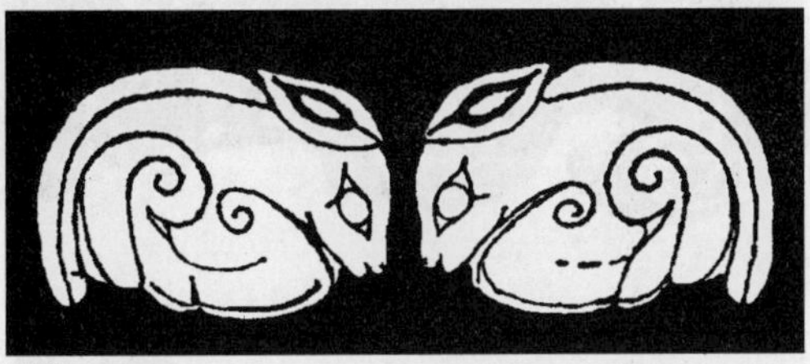

539

540

544

541

542

图 537 兔纹 河南洛阳北瑶出土的西周铜觯
图 538 兔纹 山西曲沃出土的西周铜尊
图 539 兔纹 江苏丹徒磨盘墩出土的春秋时代青铜器
图 540 卧兔 陕西陇县出土的春秋时代青铜器
图 541 老鹰啄兔 山东临沂市白庄出土的汉代画像石
图 542 鹰足踩兔 山东临沂市西张官庄出土的汉代画像石
图 543 双兔纹 山东临沂市白庄出土的汉代画像石
图 544 玉兔捣药纹 山东嘉祥出土的汉代画像石

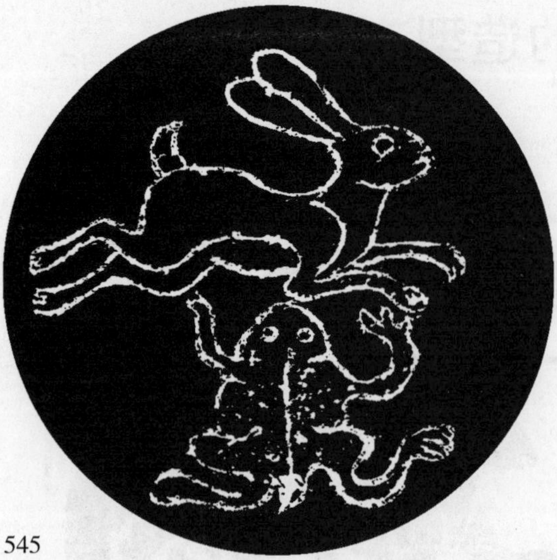

545

548

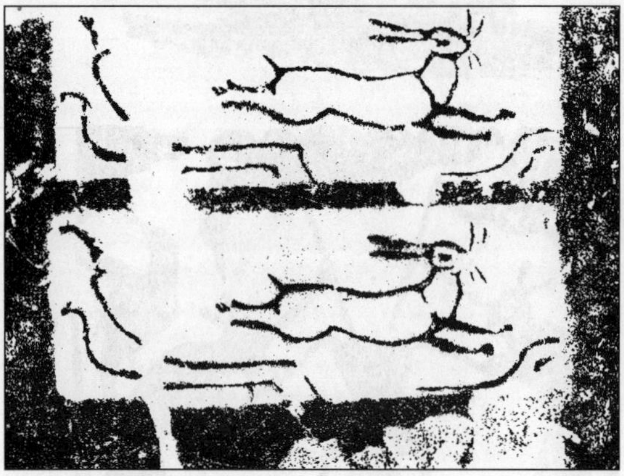

546

549

550

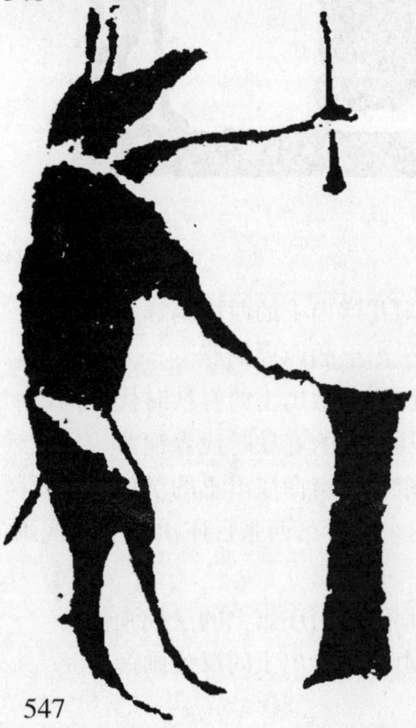

547

图 545 玉兔、蟾蜍纹 江苏徐州出土的汉代画像石
图 546 奔兔图 河南淅川出土的汉代画像砖
图 547 玉兔捣药纹 河南郑州出土的汉代画像砖
图 548 玉兔、蟾蜍纹 陕西出土的汉代瓦当
图 549 兔纹 陕西西安唐代杨执墓志石刻
图 550 兔纹 江苏邗江出土的五代时期的石刻

551

554

552

555

556

557

558

553

图 551 月宫故事、双鹊衔绶、云龙纹 河南洛阳出土的唐代铜镜

图 552—图 558 月宫故事纹 唐代铜镜

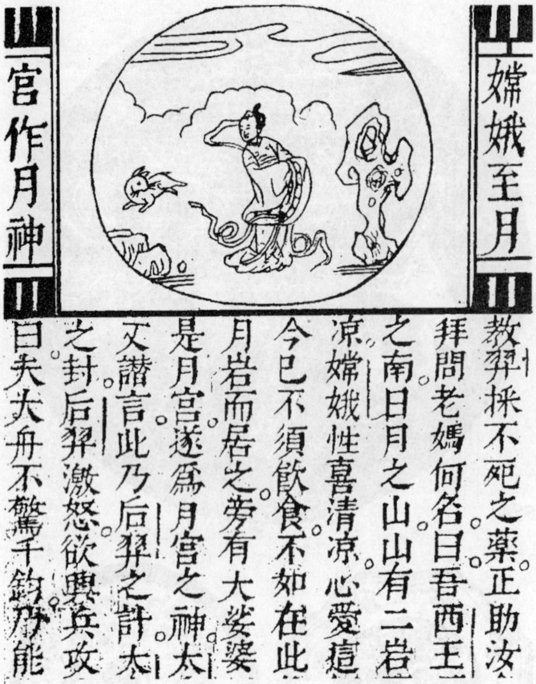

559

561

560

562

图 559 嫦娥至月宫作月神 明代《嫦娥窃药奔月宫》插图
图 560 月光 清代山东阳谷纸马
图 561 月光菩萨 清代河南开封纸马
图 562 广寒宫 清代内蒙古包头纸马

563

564

565

566

567

568

569

570

571

572

573

图 563 月光 · 传世 云南纸马

图 564 萝卜双兔 民初山西大同窗画

图 565 玉兔 清代木雕

图 566 玉兔纹 清代花钱

图 567—图 569 玉兔纹 河北泥模

图 570—图 573 兔儿爷 北京泥玩具

574

575

576

577

图 574—图 576 兔儿爷 北京泥玩具
图 577 兔 河北泥玩具

578

579

581

582

580

583

图 578 兔 甘肃泥玩具
图 579 兔 民间布玩具
图 580 兔子捣药 浙江木玩具
图 581—图 583 兔纹 山东高密范祚信剪纸

五、龙的造型

584

588

589

585

586

587

图 584—图 587 龙纹 商代铜器
图 588 龙纹 商代玉玦
图 589 龙纹 商代玉环

590

592

591

593

594

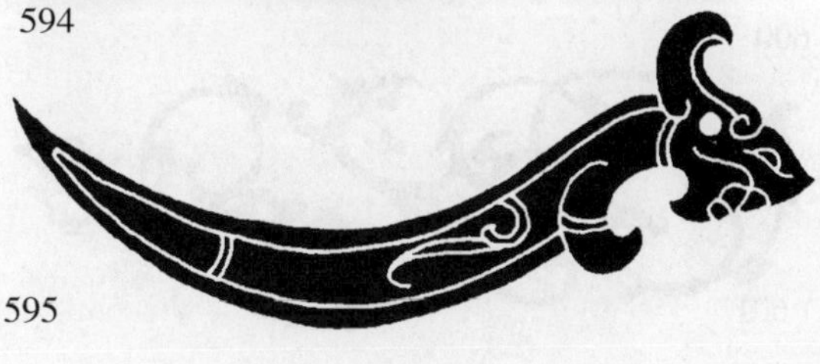

595

图 590 饕餮、夔龙、云雷纹 河南安阳出土的商代白陶器

图 591、图 592 蟠龙纹 河南安阳出土的商代白陶器

图 593、图 594 龙纹 河南三门峡上村岭虢国墓出土的西周玉饰

图 595 龙纹 西周玉饰

596

597

598

599

600

601

602

603

604

605

图 596、图 597 交龙纹 春秋时期的青铜器
图 598 变体龙纹 战国时期的铜镜
图 599—图 605 蟠龙纹 战国时期的铜镜

606

607

608

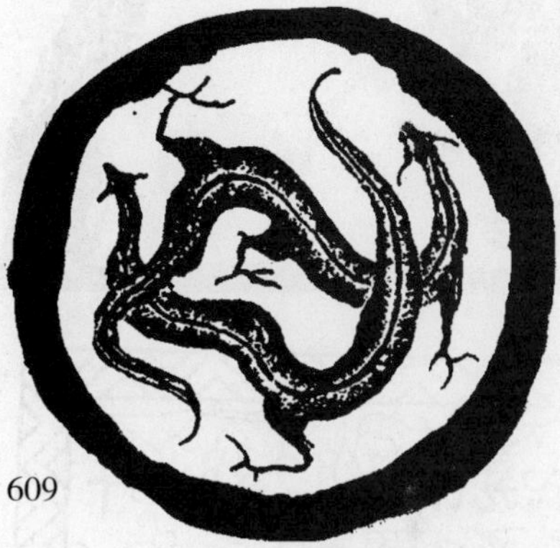

609

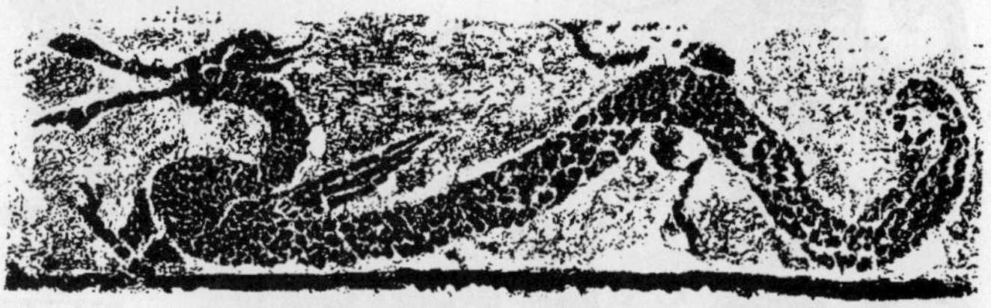

612

613

614

610

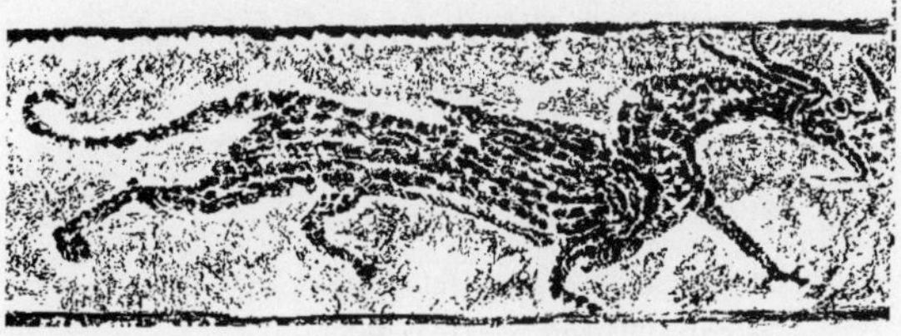

611

图 606 双龙纹 战国·河北易县燕下都出土的战国时期的半瓦当

图 607 青龙纹 西安汉长安城遗址出土汉代瓦当

图 608 青龙纹 西安汉长安城遗址出土汉代瓦当

图 609 双虬纹 汉代瓦当

图 610 云龙纹 明代瓦当

图 611 飞龙纹 安徽淮北出土的汉代画像石

图 612 飞龙纹 安徽淮北市青谷村出土的汉代画像石

图 613 飞龙纹 安徽淮北市出土的汉代画像石

图 614 飞龙纹 安徽淮北市矿务局中学出土的汉代画像石

615

620

621

616

622

617

618

619

图 615 应龙纹 河南方城县出土的汉代画像石
图 616 龙纹 河南出土的汉代画像石
图 617 龙纹 四川出土的汉代石棺画像石
图 618 龙纹 汉代画像石
图 619 双龙纹 汉代画像石
图 620 龙头纹 汉代画像石
图 621 双龙纹 汉代石刻
图 622 四灵纹 汉代画像砖

623

628

624

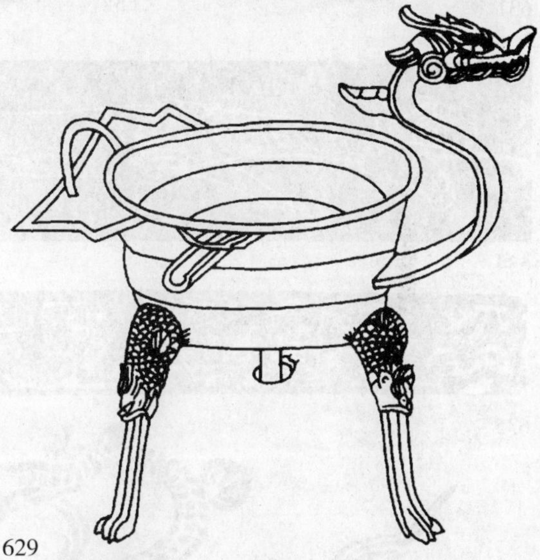
629

625

630

626

627

图 623 龙纹 汉代玉璧

图 624—图 626 龙纹 汉代江苏徐州狮子山楚王陵出土玉佩

图 627 虎噬羊纹 广州登峰路出土的汉代铜带钩

图 628 蟠龙双龟纹 广州象岗出土的汉代铜带钩

图 629 龙首纹 汉代铜器

图 630 大龙纹 汉代金银错铜车饰

631

632

633

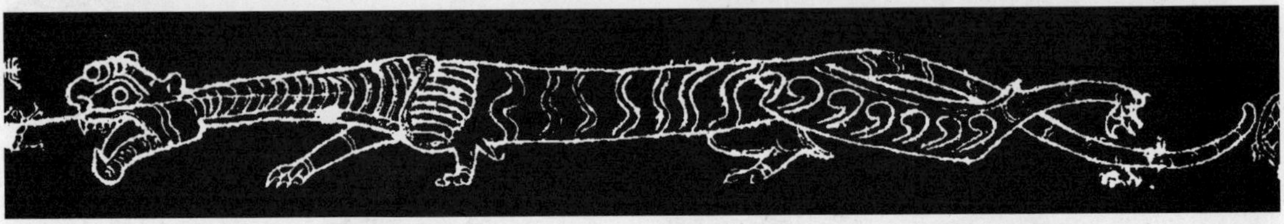
634

635

636

637

638

图 631 神人龙虎纹 东汉铜镜
图 632 西王母、青龙白虎纹 东汉铜镜
图 633 人物、青龙白虎纹 东汉铜镜
图 634 神龙纹 安徽亳州曹操宗族墓出土石刻
图 635 青龙纹 北魏墓志石刻边饰
图 636 双龙纹 南北朝石刻
图 637 交龙纹 北魏云冈石刻
图 638 青龙纹 江苏戚家村出土的南北朝画像砖

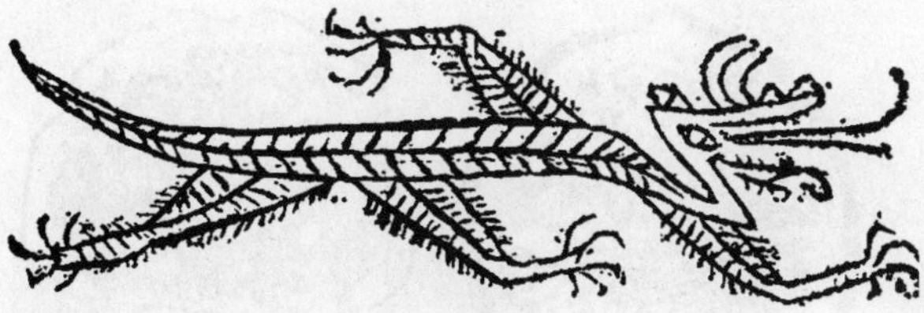

639

642

640

643

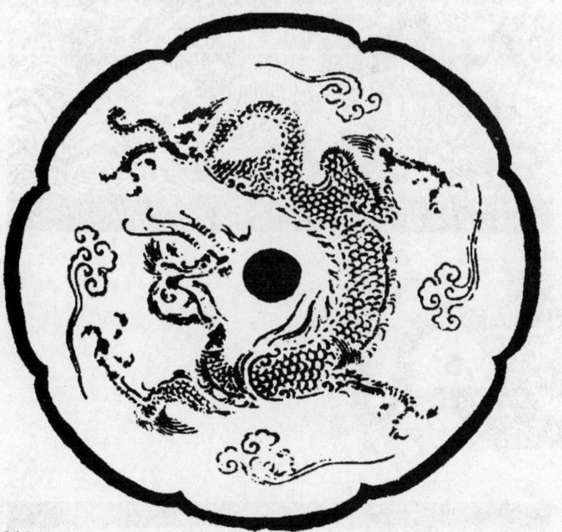

641

644

图 639 龙纹 浙江常山出土的隋代砖刻
图 640—图 644 云龙纹 唐代铜镜

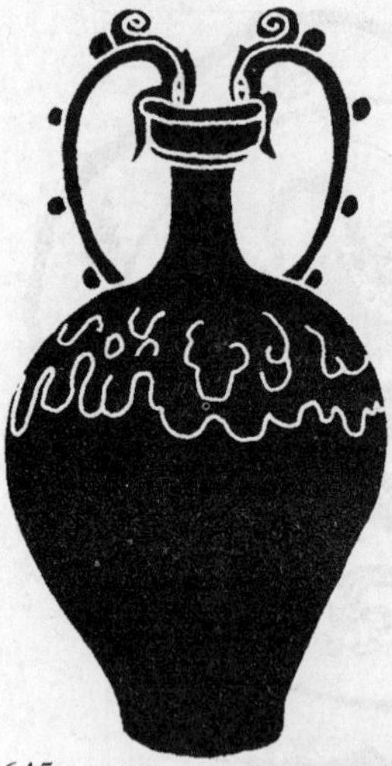
645

646

649

650

651

647

652

648

653

图 645、图 646　三彩双龙柄盘口壶　河南伊川出土唐代陶瓷器
图 647　云龙纹　甘肃敦煌莫高窟西夏壁画
图 648　云龙纹　浙江宁波天封塔地宫出土的宋代银器
图 649　云龙纹　宋代铜镜
图 650　双龙纹　宋代铜镜
图 651—图 653　龙水纹　宋代河南登封少林寺石刻

654

658

659

655

660

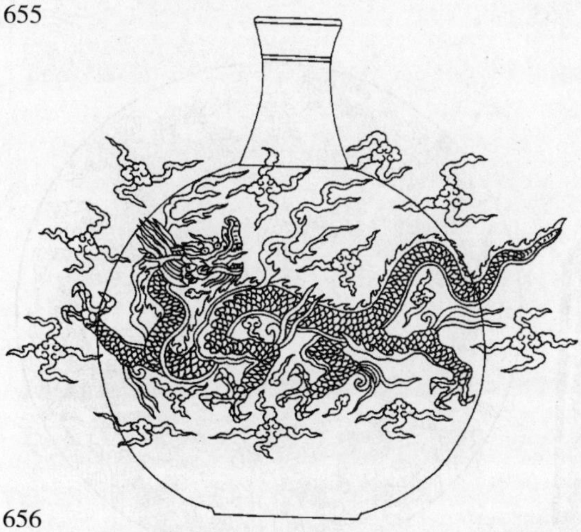
656

657

图 654 蟠龙纹 元代青白釉水注
图 655 云龙纹 明代釉里红环耳瓶
图 656 云龙纹 明代青花扁瓶
图 657 海水龙纹 明代青花瓷缸
图 658 云龙纹 明代青花瓷钵
图 659 海水龙纹 明代斗彩盖罐
图 660 飞龙纹 明代青花瓷盘

661

662

663

664

665

图 661—图 663 龙纹 明代玉带板
图 664 双龙纹 明代玉杯托
图 665 双龙福寿纹 明代雕漆

666

671

667

668

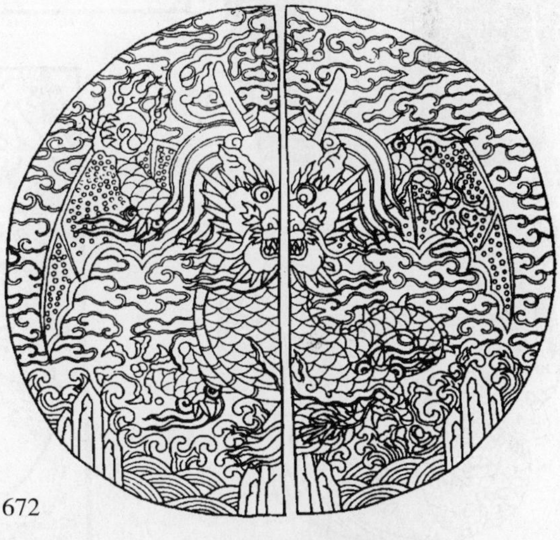

672

669

670

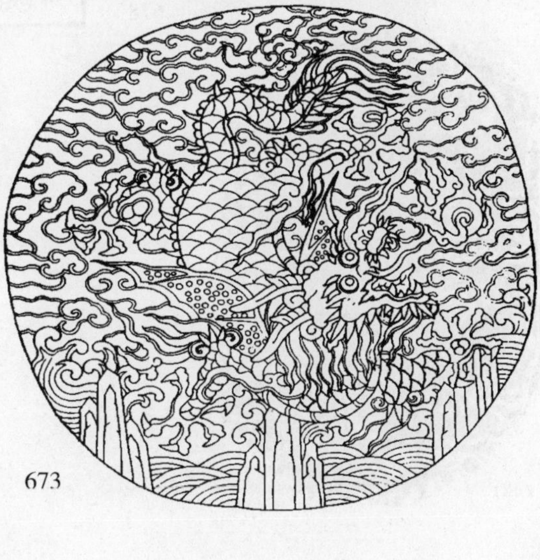

673

图 666 卷草龙纹 北京昌平十三陵明代华表底座石刻
图 667—图 670 卷草龙纹 北京故宫博物院明代石刻
图 671 团纹龙 北京白云观明代铜香炉
图 672、图 673 团龙纹 北京定陵出土明代织金妆花罗

674

675

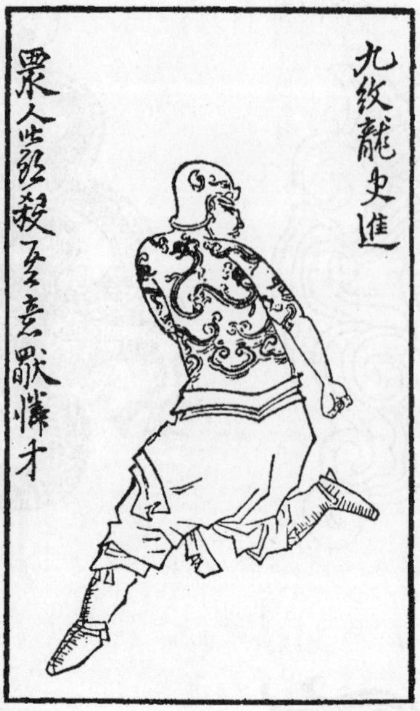

676

677

679

678

680

图 674、图 675 二龙戏珠纹 北京定陵出土明代刺绣
图 676 九纹龙史进 明代陈老莲绘图
图 677 江岸黑龙 明代《绣像龙图公案》插图
图 678 大闹龙宫 明代福建漳州印本年画
图 679 龙纹 清代玉觥
图 680 龙纹 清代玉如意

681

682

683

684

685

686

687

688

689

690

图 681、图 682 龙纹 清代玉如意
图 683 龙纹 清代玉佩
图 684 云龙纹 北京故宫博物院藏的清代金编钟
图 685、图 686、图 689、图 690 龙纹 清代花钱
图 687、图 688 双龙纹 清代花钱

691

692

693

694

695

696

图 691 云龙纹 明代无名碑碑额石雕
图 692—图 694 卷草龙纹 清代建筑装饰
图 695 升龙纹 北京故宫博物院藏的清代织绣
图 696 飞龙纹 清代斗彩盖罐

697

698

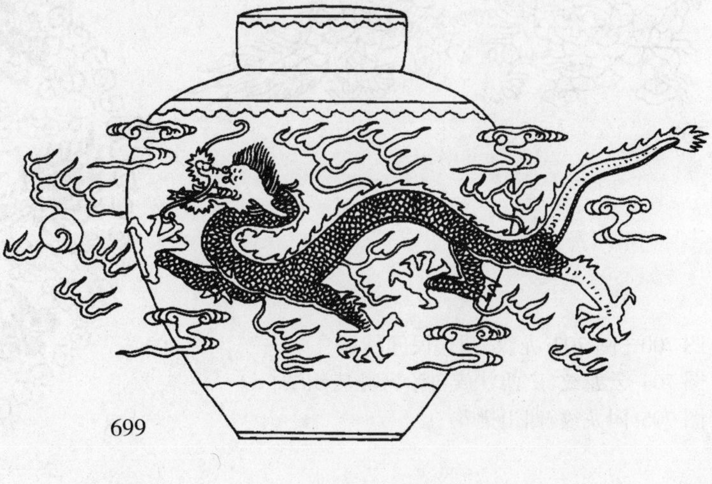

699

图 697 飞龙纹 清代斗彩盖罐
图 698 龙纹 清代三彩碗
图 699 云龙纹 清代青花绿彩盖罐

700

703

701

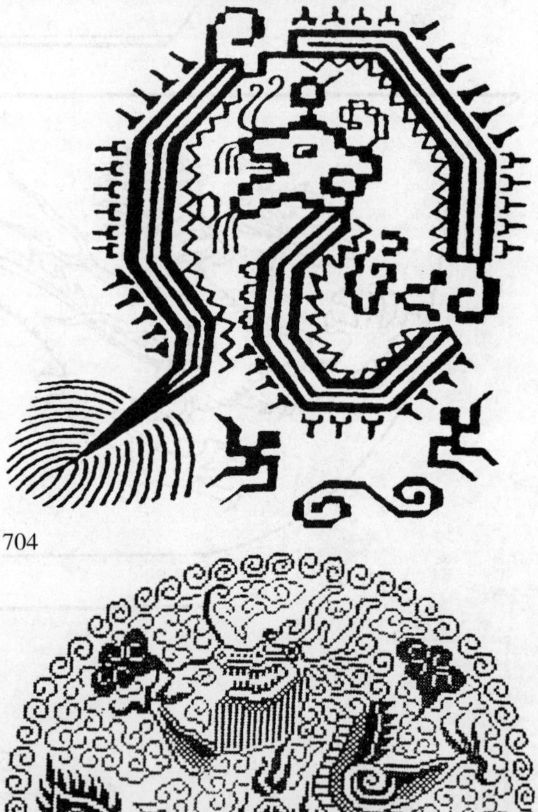

704

702

705

图 700—图 703 龙纹 清代民间绣稿
图 704 云龙纹 广西壮族自治区壮族织绣
图 705 团龙纹 四川挑花

706

710

711

707

712

708

709

713

图 706 龙门 山东金乡县蓝印花布
图 707 龙纹 贵州民间木版画
图 708 紫微高照 · 传世 云南白族纸马
图 709 火龙 · 传世 云南白族纸马
图 710、图 711 飞龙纹 藏族图案
图 712、图 713 龙纹 山西新绛李引叶剪纸

714

716

715

717

718

图 714—图 718 龙纹 山东高密范祚信剪纸

六、蛇的造型

719

720

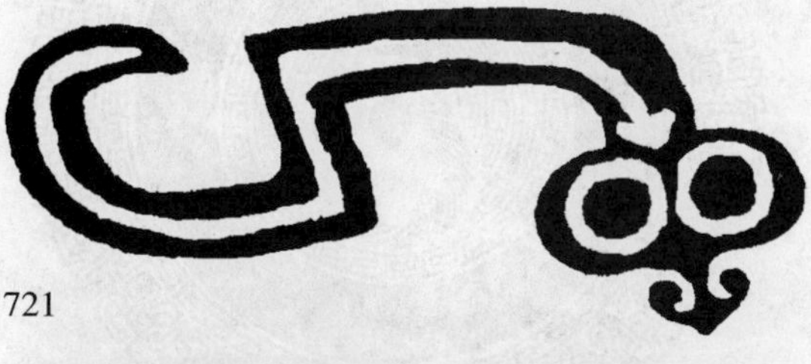

721

722

723

724

725

726

727

728

图 719 蛇纹 · 原始社会 彩陶
图 720—图 724 蛇纹 商代青铜器
图 725、图 726 蛇纹 西周青铜器
图 727、图 728 人面蛇身纹 商代石雕

729

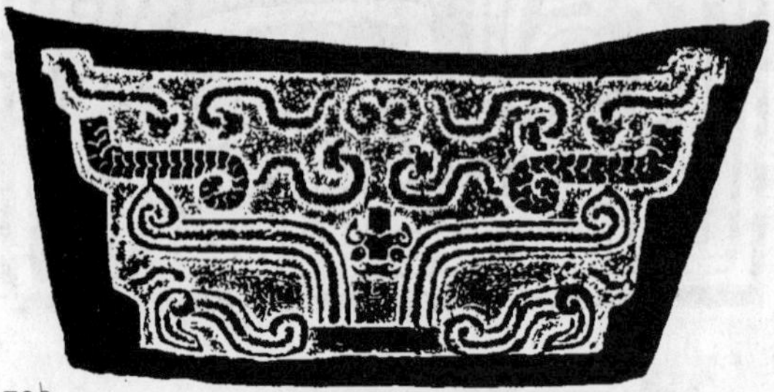
730

731

732

733

734

735

736

737

图 729、图 730 蛇纹 春秋时期的青铜器

图 731 蛇纹 安徽繁昌出土的春秋时期青铜器

图 732—图 737 蟠蛇纹 春秋时期的青铜器

738

739

744

745

740

746

741

747

742

743

748

749

图 738、图 739 蛇鸟纹 魏晋时代画像壶

图 740 盘蛇 北朝时代陶俑

图 741 蛇纹 唐代石刻

图 742 蛇纹 陕西西安出土杨执墓志上的唐代石刻

图 743 蛇纹 四川什邡市出土的唐代金腰带

图 744、图 745 蛇纹 清代花钱

图 746 人像蛇纹 台湾排湾族图案

图 747、图 748 蛇卵生人 台湾高山族雕刻

图 749 蛇纹 泥模

七、马的造型

750

754

751

755

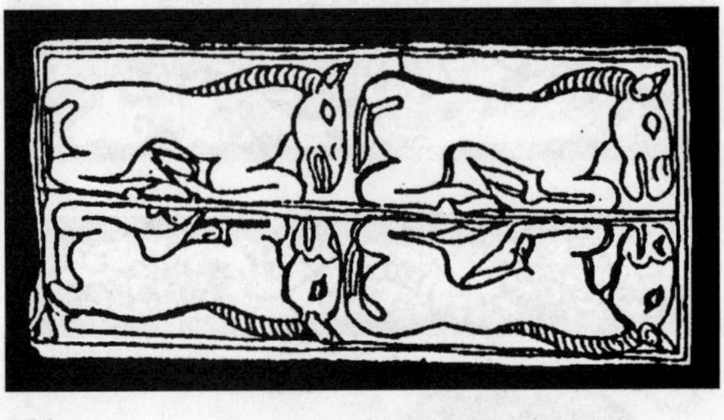
756

752

753

图 750 马纹 内蒙古乌兰察布岩画
图 751 马群 内蒙古乌兰察布岩画
图 752 马群 内蒙古岩画
图 753、图 754 马 西周玉饰
图 755 立马 山西曲村晋侯墓地出土的西周玉器
图 756 四马纹 内蒙古鄂尔多斯市西沟畔匈奴墓地出土的战国时代的金饰片

757

758

759

760

761

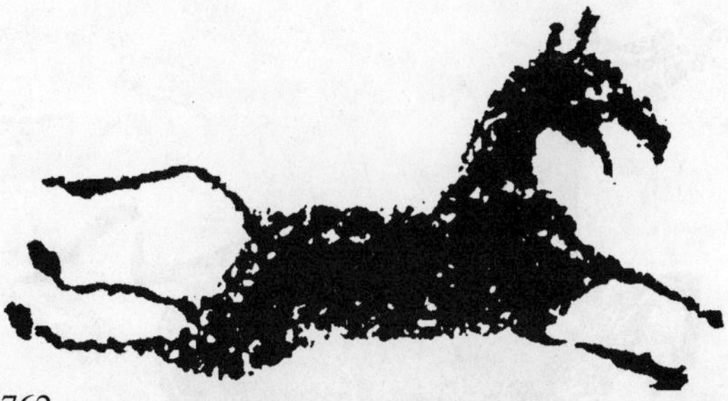
762

763

764

765

图 757 车马纹 四川出土的汉代画像砖
图 758、图 759 骑士纹 四川出土的汉代画像砖
图 760 射猎纹 河南南阳出土的汉代画像砖
图 761—图 765 马纹 河南洛阳出土的汉代画像砖

766

769

767

770

771

768

图 766—图 771 马纹 河南洛阳出土的汉代画像砖
图 772 马与射鸟纹 河南许昌出土的汉代画像砖

772

773

774

775

776

777

778

779

图 773 天马纹 重庆市忠县邓家沱汉阙上的汉代石刻

图 774 马纹 四川出土的汉代画像石

图 775 图 776 翼马纹 四川出土的汉代画像石

图 777 乘马图 四川出土的汉代画像石

图 778、图 779 骏马图 陕西绥德出土的汉代画像石

780

781

782

783

784

图 780、图 781 骏马图 陕西绥德出土的汉代画像石
图 782 驭手与骏马 陕西绥德出土的汉代画像石
图 783、图 784 牵马图 陕西绥德出土的汉代画像石

785

786

787

788

789

790

791

792

793

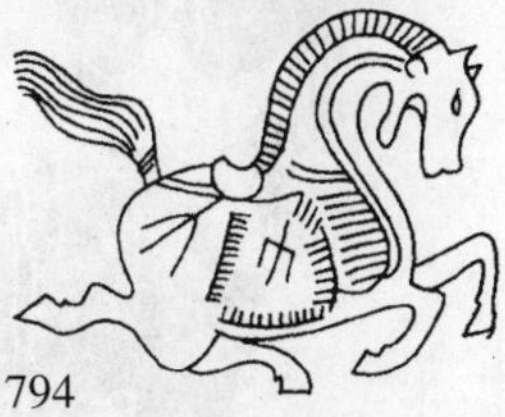
794

795

796

797

图 785 树下乘马图 陕西绥德出土的汉代画像石
图 786—图 788 树下饲马 陕西绥德出土的汉代画像石
图 789 卧马 陕西兴平茂陵霍去病墓石雕
图 790 双马纹 内蒙古阿鲁柴登出土的汉代铜带扣
图 791—图 794 奔马纹 汉代铜镜
图 795、图 796 车马纹 汉代铜镜
图 797 骑马纹 汉代铜镜

798

799

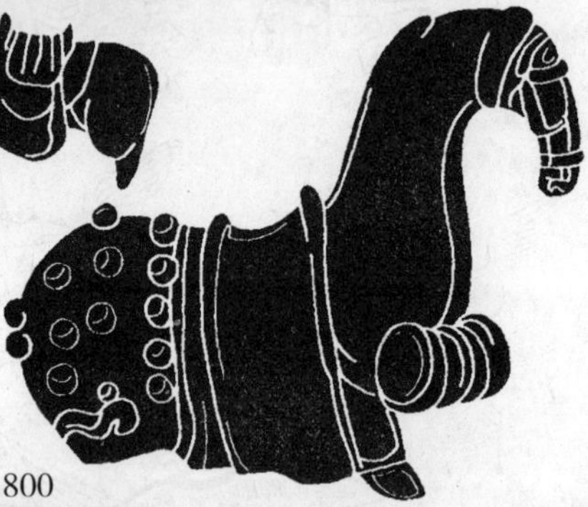
800

801

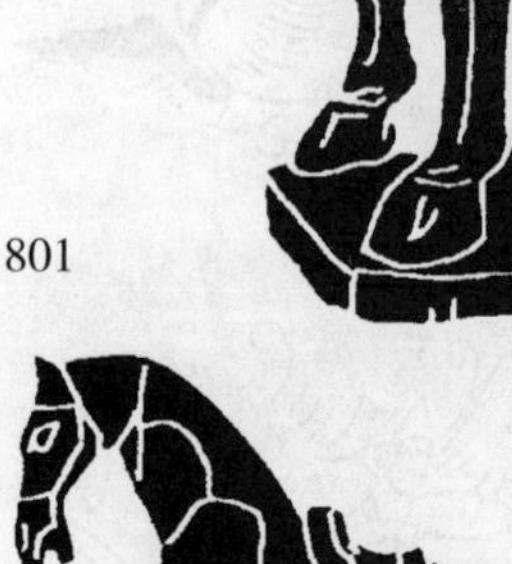
802

803

804

805

806

807

图 798 奔马纹 安徽亳州曹操宗族墓出土砖刻
图 799—图 806 马 北魏陶塑
图 807 马 南北朝陶塑

808

809

810

811

812

813

814

图 808 对马纹 魏晋南北朝团花剪纸
图 809 车马纹 甘肃敦煌莫高窟北魏时期的壁画
图 810 三马纹 甘肃敦煌莫高窟北魏时期的壁画
图 811 马夫与马 甘肃敦煌莫高窟西魏时期的壁画
图 812 马纹 甘肃敦煌莫高窟隋代壁画
图 813 天马纹 甘肃敦煌莫高窟隋代壁画
图 814 联珠天马纹 甘肃敦煌莫高窟隋代壁画

815

816

817

818

819

820

821

图 815 奔马纹 陕西西安出土的唐代杨执墓志石刻
图 816 马 五代石刻
图 817 马 唐代泥俑
图 818 马 唐代瓷俑
图 819—图 821 马 唐代三彩瓷器

822

823

824

825

826

827

828

图 822 兽袭马纹 唐代三彩瓷器

图 823 马 唐代陶塑

图 824 马戏纹 宋代磁州窑型陶枕

图 825 奔马纹 宋代玉器

图 826、图 827 飞马纹 山西晋城南社出土的宋代石刻

图 828 飞马纹 辽时期铜器

829

830

831

832

833

834

835

836

837

图 829 卧马纹 金时期的玉器

图 830—图 837 马纹 甘肃出土的宋元时期的画像砖

838

841

842

843

839

844

840

845

图 838 八骏图 明代青花瓷碗
图 839 马纹 清代砖雕
图 840、图 841 马纹 清代石刻
图 842、图 843 灵马报喜 江苏南京市出土的明清石刻
图 844 马纹 清代木雕
图 845 宝马纹 清代青海（康藏）藏族喇嘛寺藻井壁画

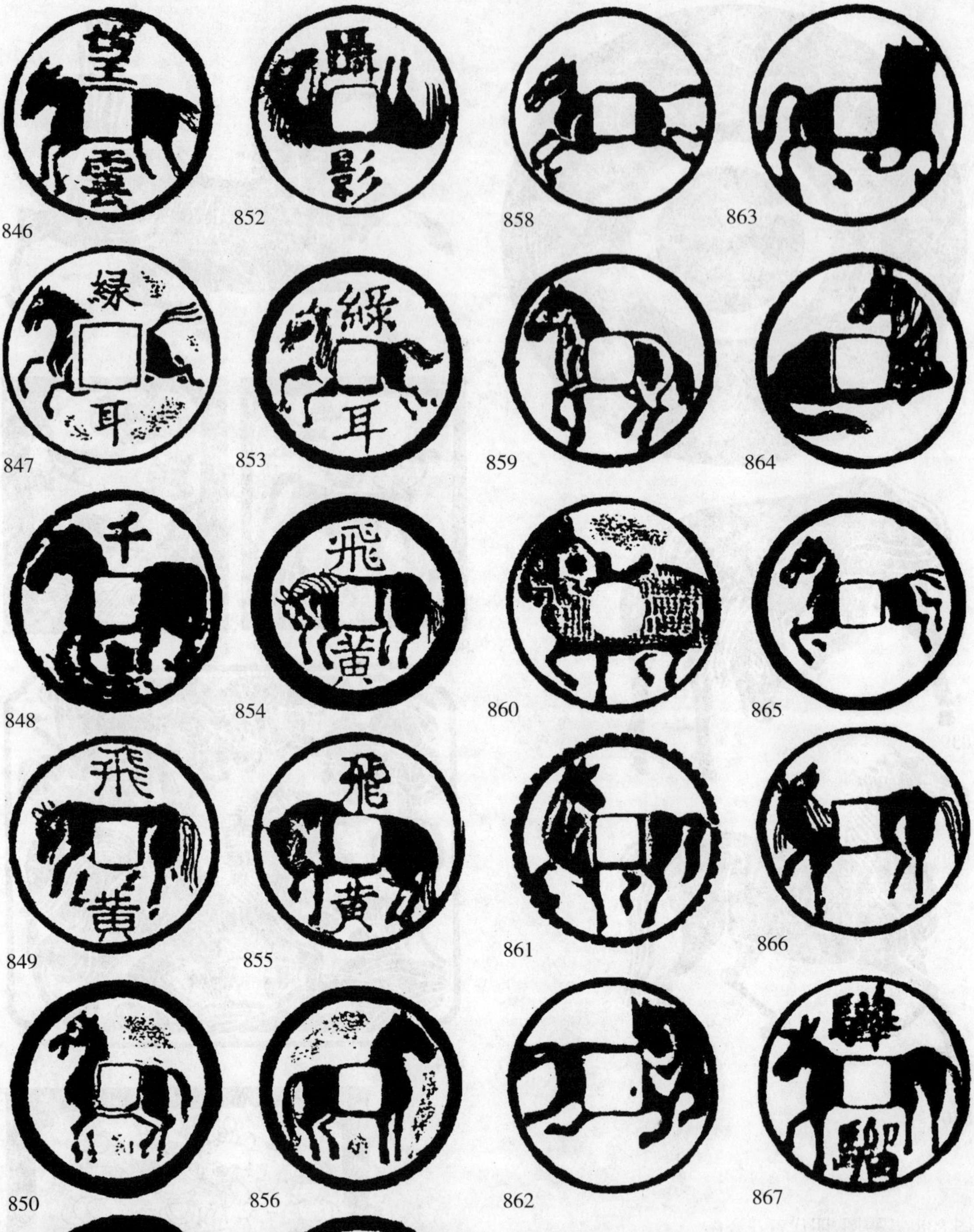

图 844—图 867 马纹 清代花钱

868

869

870

871

872

873

874

875

882

876

877

878

879

883

880

881

图 868—图 882 马纹 清代花钱
图 883 骑马纹 清代花钱

884

886

887

888

885

889

890

图 884 敬德 清代河南朱仙镇木版年画

图 885 马上封侯 清代陕西凤翔木版年画

图 886 云马 清代云南南涧印本喜画

图 887—图 890 马纹 西藏风马旗

891

892

893

894

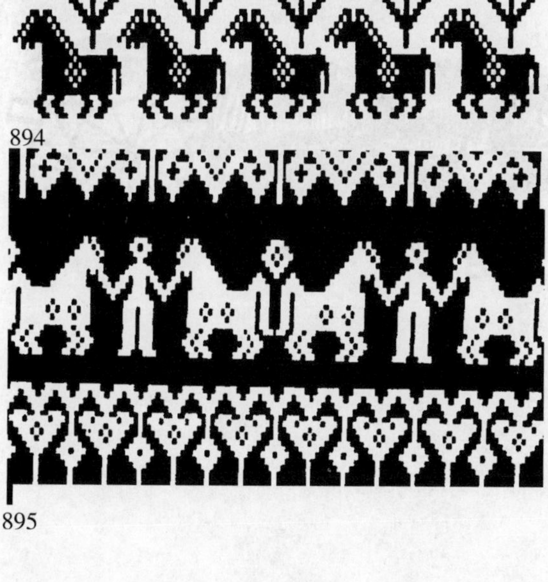
895

896

897

898

图 891—图 893 马纹 西藏风马旗
图 894 驭花马纹 云南傣旗织锦
图 895 牵马纹 云南傣旗织锦
图 896 马纹 织绣
图 897、图 898 马 陕西泥玩具

899

902

900

901

903

904

图 899 马 陕西洛川布玩具
图 900—图 902 马 民间布玩具
图 903、图 904 马纹 山东高密范祚信剪纸

八、羊的造型

905

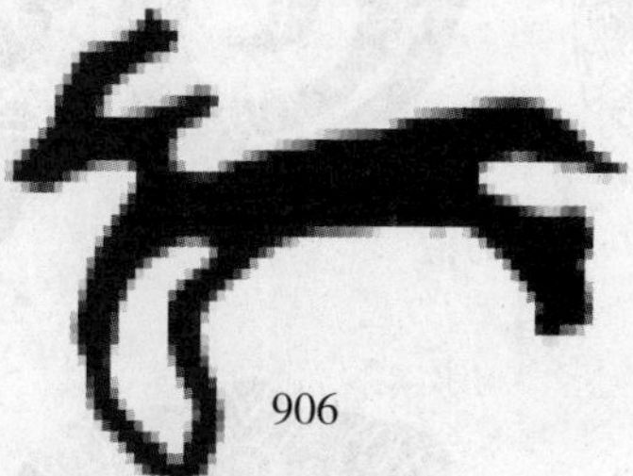
906

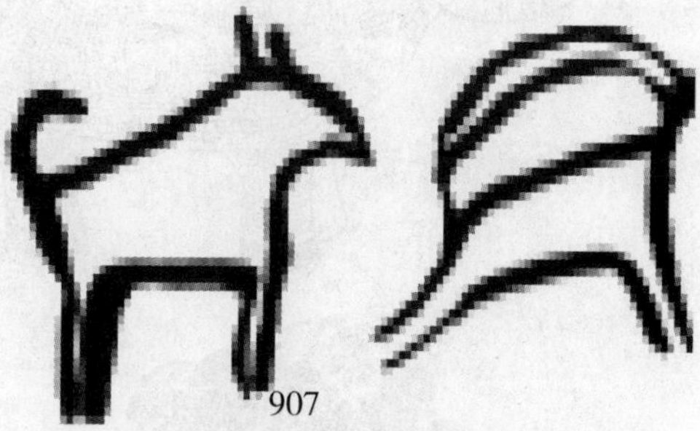
907

908

909

910

911

图 905 北山羊 内蒙古乌兰察布岩画
图 906 奔羊 内蒙古乌兰察布岩画
图 907 双羊 内蒙古阴山岩画
图 908 牧羊 内蒙古阴山岩画
图 909、图 910 羊 原始社会陶塑
图 911 四羊纹 湖南宁乡出土商代铜方尊

912

917

913

918

919

920

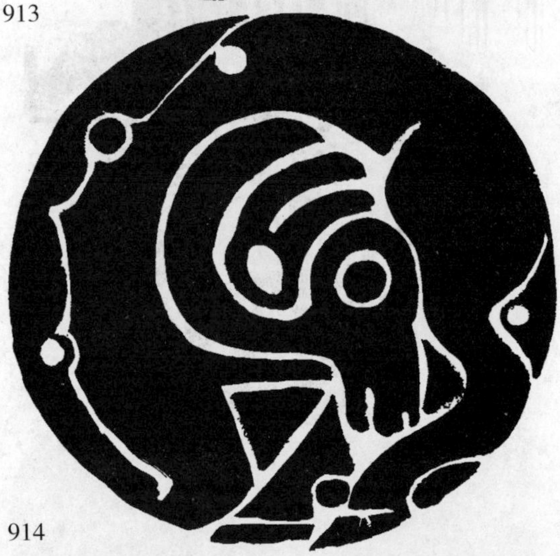
914

921

922

915

916

图 912 羊纹 商代青铜尊
图 913 盘角羊头 内蒙古博物馆藏的战国时代青铜辕饰
图 914 羊纹 内蒙古阿鲁柴登出土的战国时代金圆饰片
图 915、图 916 羝羊纹 陕西绥德延家岔出土的汉代画像石
图 917—图 919 羊头纹 山东出土的汉代画像石
图 920 行羊纹 四川出土的汉代画像石
图 921、图 922 吉羊纹 汉代铜洗

923

924

925

926

927

928

929

图 923 羊纹 蒙古国出土的汉代木雕
图 924 卧羊纹 三国时期青瓷器
图 925 羊头壶 东晋时期青釉褐斑瓷器
图 926 卧羊纹 江苏镇江出土的东晋时期瓷烛台
图 927 羊纹 山西大同出土的北魏石刻
图 928 黄羊纹 甘肃敦煌莫高窟的西魏壁画
图 929 羊生羔纹 甘肃敦煌莫高窟北周时期的壁画

930

931

932

933

934

935

936

937

图 930、图 931 卧羊纹 隋代陶器
图 932、图 933 卧羊纹 唐代陶器
图 934 奔羊纹 陕西西安出土的杨执墓志的唐代石刻
图 935 羊纹 唐代石刻
图 936 羊纹 四川什邡市出土的唐代金腰带
图 937 对羊纹 日本正仓院藏的唐代织锦

938

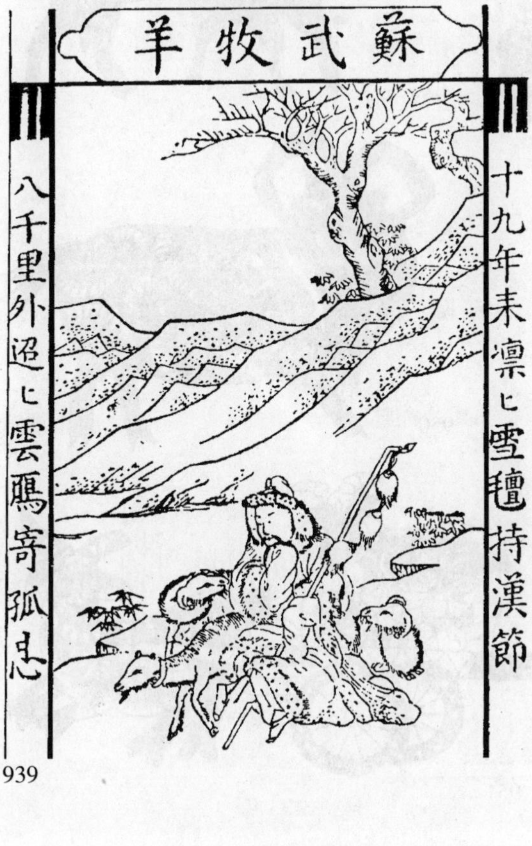

939

940

941

942

图 938 三羊开泰纹 明代瓷盘
图 939 苏武牧羊 明代《大备对宗》插图
图 940—图 942 羊纹 明代石雕

943

948

949

944

945

950

946

951

947

图 943 双羊纹 清代石雕
图 944 羊纹 清代石雕
图 945 羊首耳瓶 清代玉器
图 946 三阳开泰 清代山东潍县木版年画
图 947 羊纹 铜质锁片
图 948—图 951 羊纹 山东高密范祚信剪纸

九、猴的造型

952

953

954

955

957

958

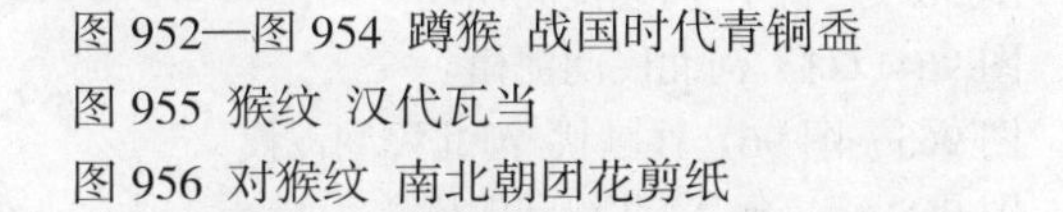
959

956

图 952—图 954 蹲猴 战国时代青铜盉
图 955 猴纹 汉代瓦当
图 956 对猴纹 南北朝团花剪纸
图 957 猴纹 陕西西安出土的唐代杨执墓志石刻
图 958 猴纹 唐代石刻
图 959 猴纹 唐代四川什邡出土的唐代金腰带

960

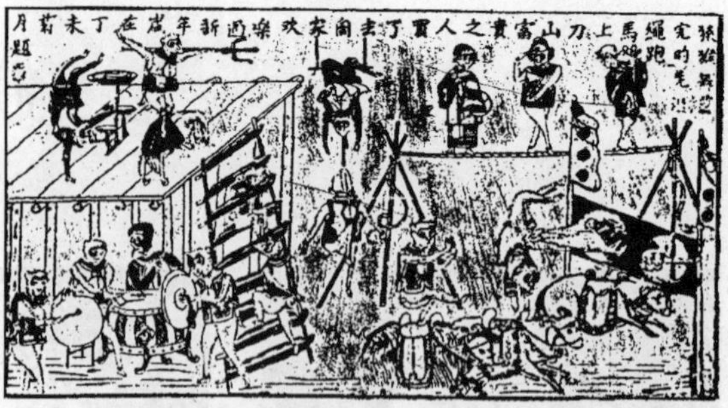

962

961

963

964

965

966

967

968

969

970

图 960 扛箱官 清代河北武强木版年画
图 961 猿猴托印 清代河北武强木版年画
图 962 猴耍杂技 民初河北武强木版年画
图 963 猴骑车 河北民间泥模
图 964 双猴 河北民间泥模
图 965—图 967 猴献桃 河北民间泥模
图 968 顽皮猴 河北民间泥模
图 969 猴献桃 山东民间泥模
图 970 猴献桃 山东民间果模

971

974

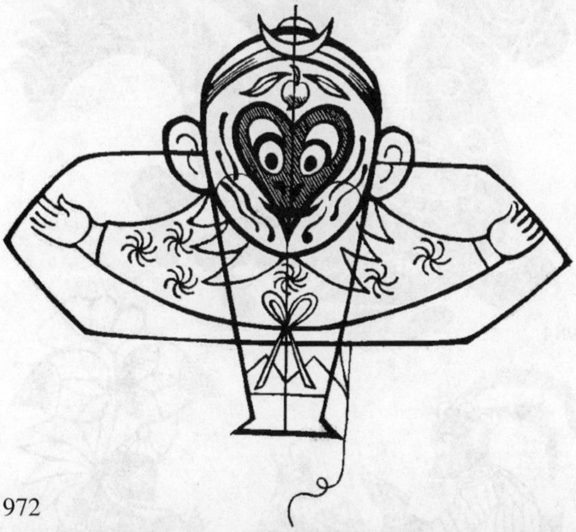

972

975

976

973

图 971 六合同春、沐猴蟠桃 江苏南通蓝印花布
图 972 孙悟空 张光宇设计风筝
图 973 封侯挂印 民间褡裢荷包
图 974 猴吃桃 陕西布玩具
图 975、图 976 猴纹 民间布玩具

977

983

978

979

984

980

981

985

986

987

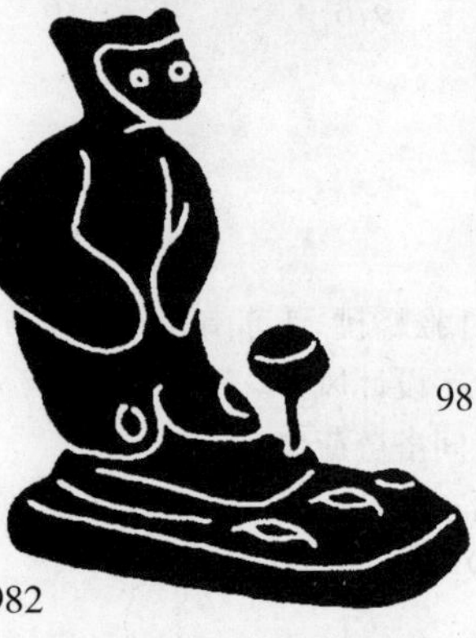

982

图 977 母子猴 河南泥玩具

图 978—图 980 猴 河北泥玩具

图 981、图 982 猴 民间泥玩具

图 983、图 984 猴吃桃 陕西面花

图 985—图 987 猴 山东高密范祚信剪纸

十、鸡的造型

988

989

990

991

992

993

994

995

996

997

998

图 988 斗鸡纹 汉代画像石
图 989—图 995 鸡纹 山东沂南出土的汉代画像石
图 996 鸡头纹 蒙古国出土的汉代革制品
图 997、图 998 鸡 汉代陶俑

999

1005

1006

1000

1007

1001

1008

1002

1009

1003

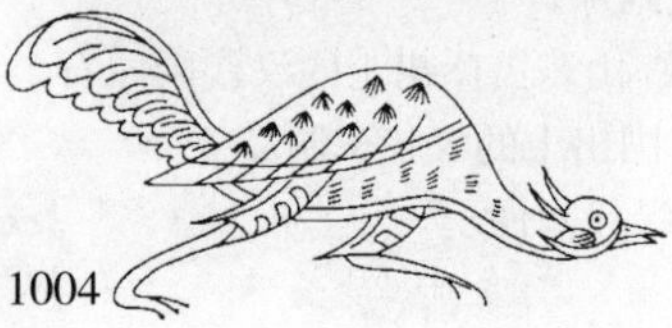
1004

图 999、图 1000 母子鸡 汉代陶俑
图 1001 雌鸡 河南孟津县邙山乡出土的北魏时期的陶塑
图 1002 雄鸡 河南孟津县邙山乡出土的北魏时期的陶塑
图 1003、图 1004 斗鸡纹 甘肃敦煌莫高窟的西魏壁画
图 1005 鸡 河北献县出土的唐代陶塑
图 1006 鸡纹 陕西西安出土杨执墓志的唐代石刻
图 1007 鸡纹 唐代石刻
图 1008 鸡纹 四川什邡出土的唐代金腰带
图 1009 山鸡纹 湖南长沙出土的唐代瓷器

1010

1013

1011

1014

1012

1015

图 1010 母子鸡纹 明代斗彩瓷器

图 1011 母子鸡纹 明代红绿彩瓷盘

图 1012—图 1014 雄鸡 北京故宫御花园清代地砖雕刻

图 1015 雄鸡 清代玛瑙

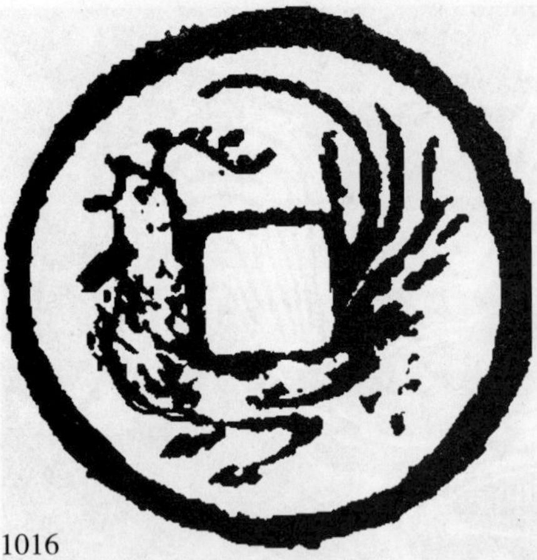
1016

1019

1017

1020

1018

1021

1022

1023

1024

图 1016 雄鸡纹 清代花钱

图 1017 金鸡宝童 清代河北武强木版年画

图 1018 神鸡 清代陕西凤翔咒符

图 1019 金鸡报晓 山东茌平蓝印花布

图 1020 鸡纹 云南大理白族围裙刺绣

图 1021—图 1024 雄鸡 河北民间泥模

1025

1026

1027

1028

1029

1030

图 1025—图 1027 雄鸡 民间泥玩具
图 1028 鸡纹 吉林满族剪纸
图 1029、图 1030 鸡纹 山东高密范祚信剪纸

十一、狗的造型

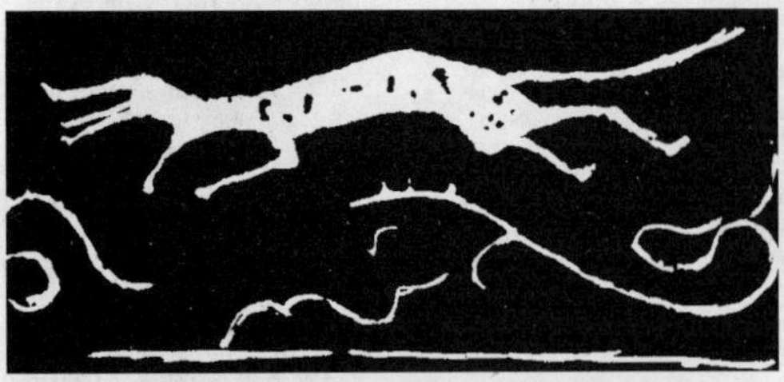
1031

1032

1033

1034

1035

1036

1037

图 1031—图 1033 猎狗纹 河南郑州新通桥出土的汉代画像砖
图 1034、图 1035 狗纹 河南南阳出土的汉代画像砖
图 1036 狗纹 四川出土的汉代画像砖
图 1037 祈年中的狗纹 云南晋宁石寨山出土的汉代铜鼓

1038

1039

1040

1041

1043

1044

图 1038 狗纹 河北定州（县）出土的汉代金错铜车饰
图 1039 狗纹 汉代铜器
图 1040、图 1041 狗纹 唐代石刻
图 1042 狗纹 四川什邡市出土的唐代金腰带
图 1043 秋菊佳色 民初山西大同木版年画
图 1044 小孩骑狗 河北泥模

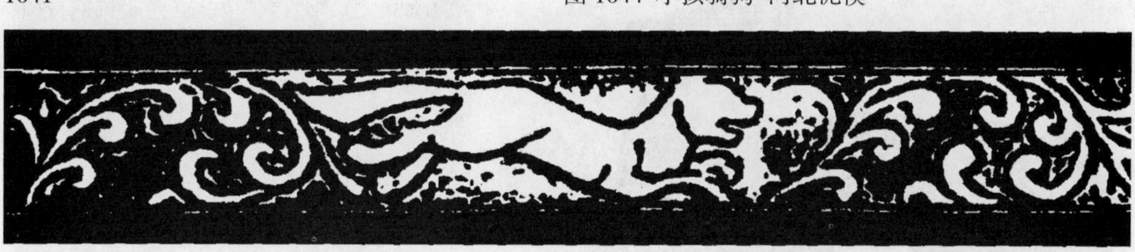

1042

1045

1049

1050

1046

1051

1047

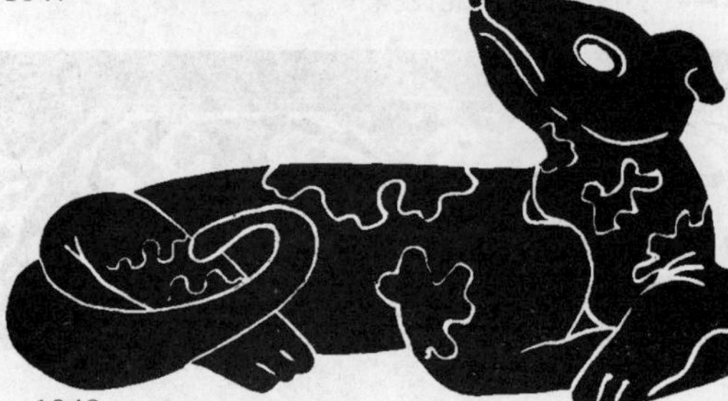

1048

图 1045 “六字真言”与狗 西藏玛尼石刻
图 1046 狗 汉代釉陶玩具
图 1047 狗 唐代三彩陶玩具
图 1048 狗 宋代瓷玩具
图 1049 狗 河北新城泥玩具
图 1050 狗 陕西泥玩具
图 1051 蜈蚣变狗 苗族剪纸

1052

1055

1053

1056

1054

图 1052—图 1056 狗纹 山东高密范祚信剪纸

十二、猪的造型

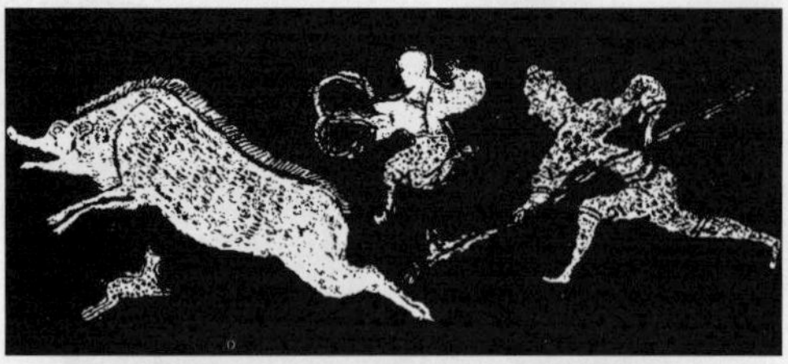
1057

1058

1059

1060

1061

1062

1063

1064

1065

图 1057 猪纹 河南永城出土的汉代画像石
图 1058 猪纹 河南南阳出土的汉代画像砖
图 1059 猪纹 河南郑州出土的汉代空心砖
图 1060 野猪纹 汉代画像砖
图 1061 猪纹 汉代画像砖
图 1062 猪 河南淮阳北关出土的汉代石雕
图 1063 猪 安徽亳州凤凰台出土的秦汉时期的石雕
图 1064 野猪纹 河北定州（县）出土的汉代金错铜车饰
图 1065 猪 汉代铜器

1066

1067

1068

1069

1070

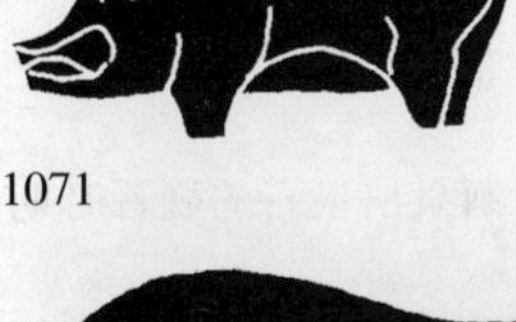
1071

1072

1073

1074

1075

1076

图 1066 奔猪纹 汉代漆器
图 1067—图 1070 猪 汉代陶器
图 1071 猪 湖南常德出土的三国时期的陶器
图 1072 猪 河南偃师出土的北魏时期的陶器
图 1073 猪 河北黄骅市出土的北齐时期的陶器
图 1074 猪 河北吴桥县出土的北魏的陶器
图 1075 猪 河北磁县东陈村出土的东魏时期的陶器
图 1076 野猪纹 敦煌莫高窟第 285 窟西魏壁画

1077

1078

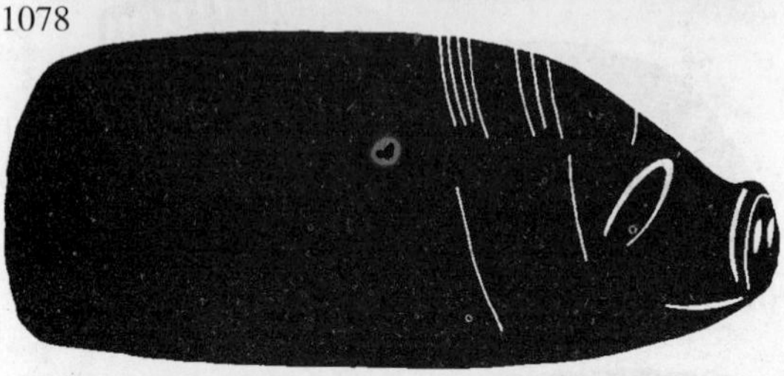
1079

1080

1081

1082

1083

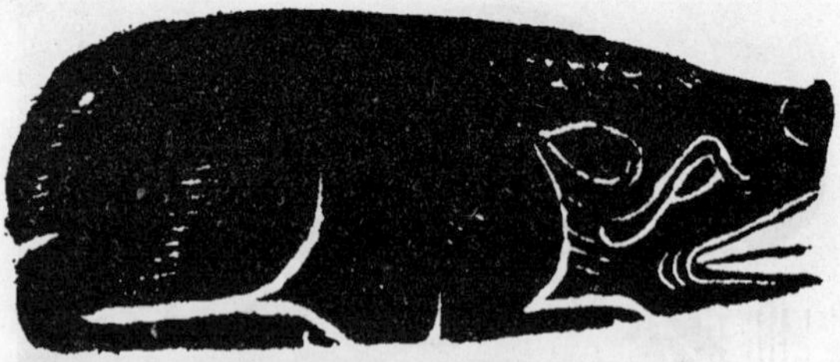
1084

1085

1086

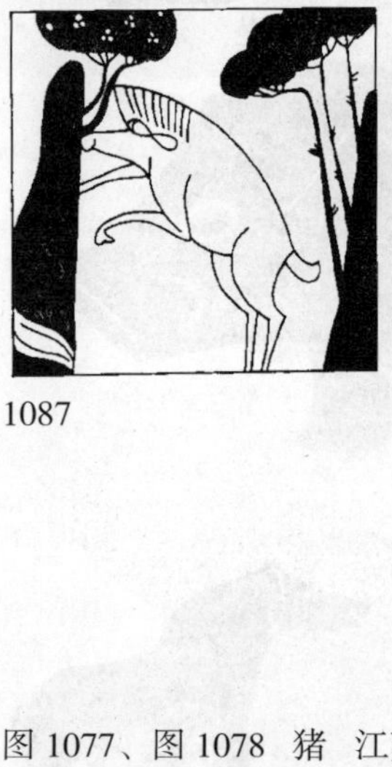
1087

1088

图 1077、图 1078　猪　江苏南京市出土的南朝滑石雕刻

图 1079、图 1080　猪 甘肃酒泉出土石的魏晋时期的炭雕刻

图 1081—图 1084　猪　甘肃酒泉出土的魏晋时期的石雕

图 1085 猪 江苏南京郭家山出土的东晋石雕

图 1086 杀猪图 甘肃嘉峪关市出土的魏晋画像砖

图 1087 野猪图 甘肃敦煌莫高窟魏晋壁画

图 1088 母子猪纹 甘肃敦煌莫高窟魏晋壁画

1089

1090

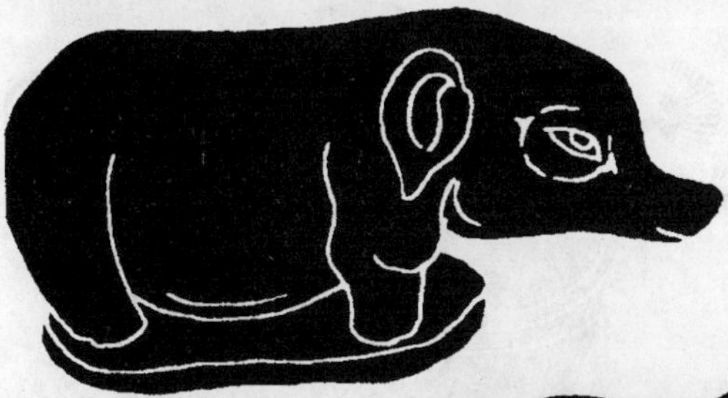

1091

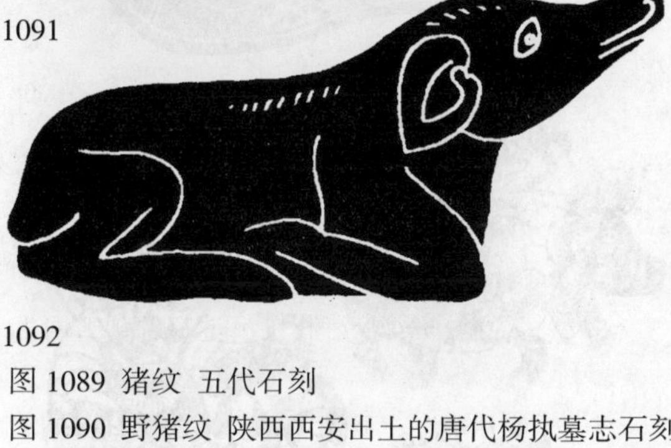

1092

1093

1094

1095

1096

图 1089 猪纹 五代石刻

图 1090 野猪纹 陕西西安出土的唐代杨执墓志石刻

图 1091、图 1092 猪 唐代陶器

图 1093 猪形怪兽 河北献县出土的唐代陶器

图 1094 猪 元代陶器

图 1095 放猪图 甘肃出土的宋元画像砖

图 1096 猪纹 清代石雕

1097

1101

1102

1098

1103

1099

1100

1104

1106

1105

图 1097、图 1098 猪 河南泥玩具
图 1099、图 1100 猪 陕西布玩具
图 1101 猪 民间布玩具
图 1102、图 1103 猪 民间绣花鞋
图 1104—图 1106 猪 山东高密范祚信剪纸

十三、生肖造型全图

1107

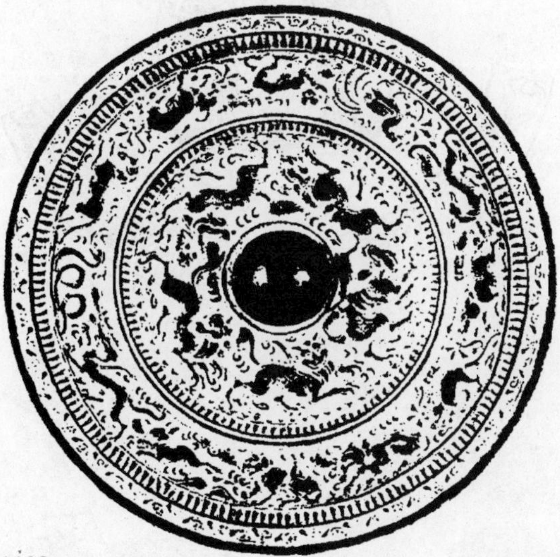

1108

1109

1110

1111

1112

图 1107 十二生肖四神纹 隋代铜镜
图 1108 十二生肖五兽纹 唐代铜镜
图 1109 十二生肖八卦纹 唐代铜镜
图 1110 十二生肖八卦纹 五代铜镜
图 1111 十二生肖走兽纹 唐代李嗣本墓志盖石刻
图 1112 十二生肖俑 陕西出土的唐天宝三年墓陶器（局部）

1114

1116

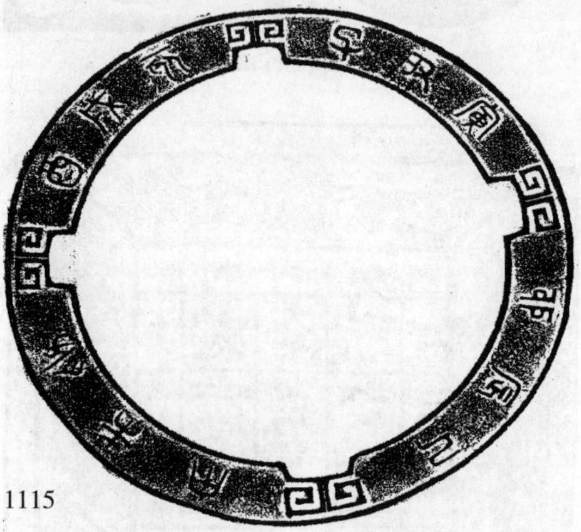

1115

1117

图 1113 十二生肖八卦纹 江苏扬州市出土的宋代铜镜
图 1114 十二生肖八卦纹 四川德阳市出土的宋代铜镜
图 1115 地支铭文 铜镜（年代不详）
图 1116 十二生肖纹 四川西昌市出土的宋代陶罐
图 1117 十二生肖人物纹 四川西昌市出土的宋代陶罐

图 1118 十二生肖 江苏现代贝雕梳篦

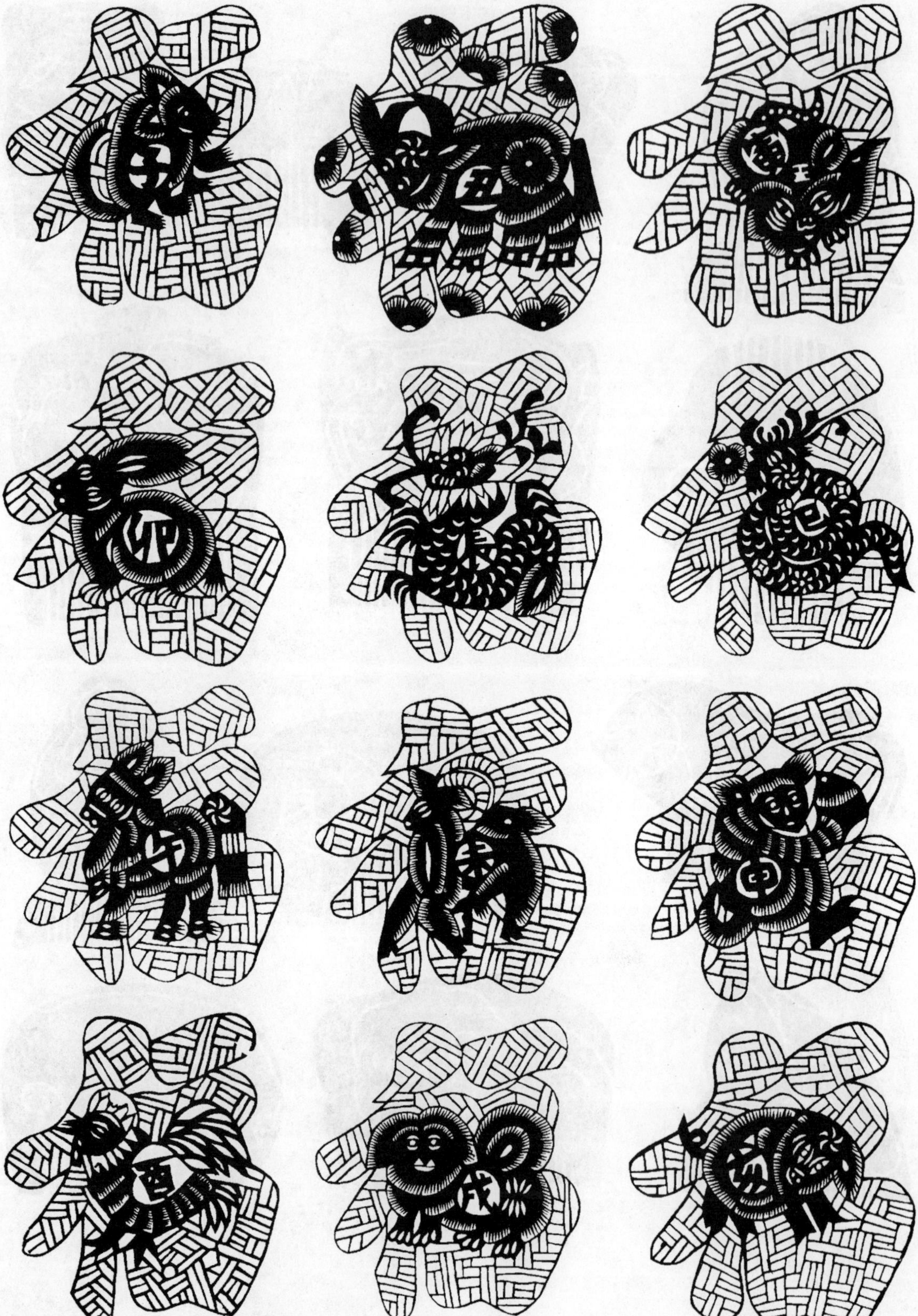

图 1119 生肖福图 山东高密范祚信剪纸

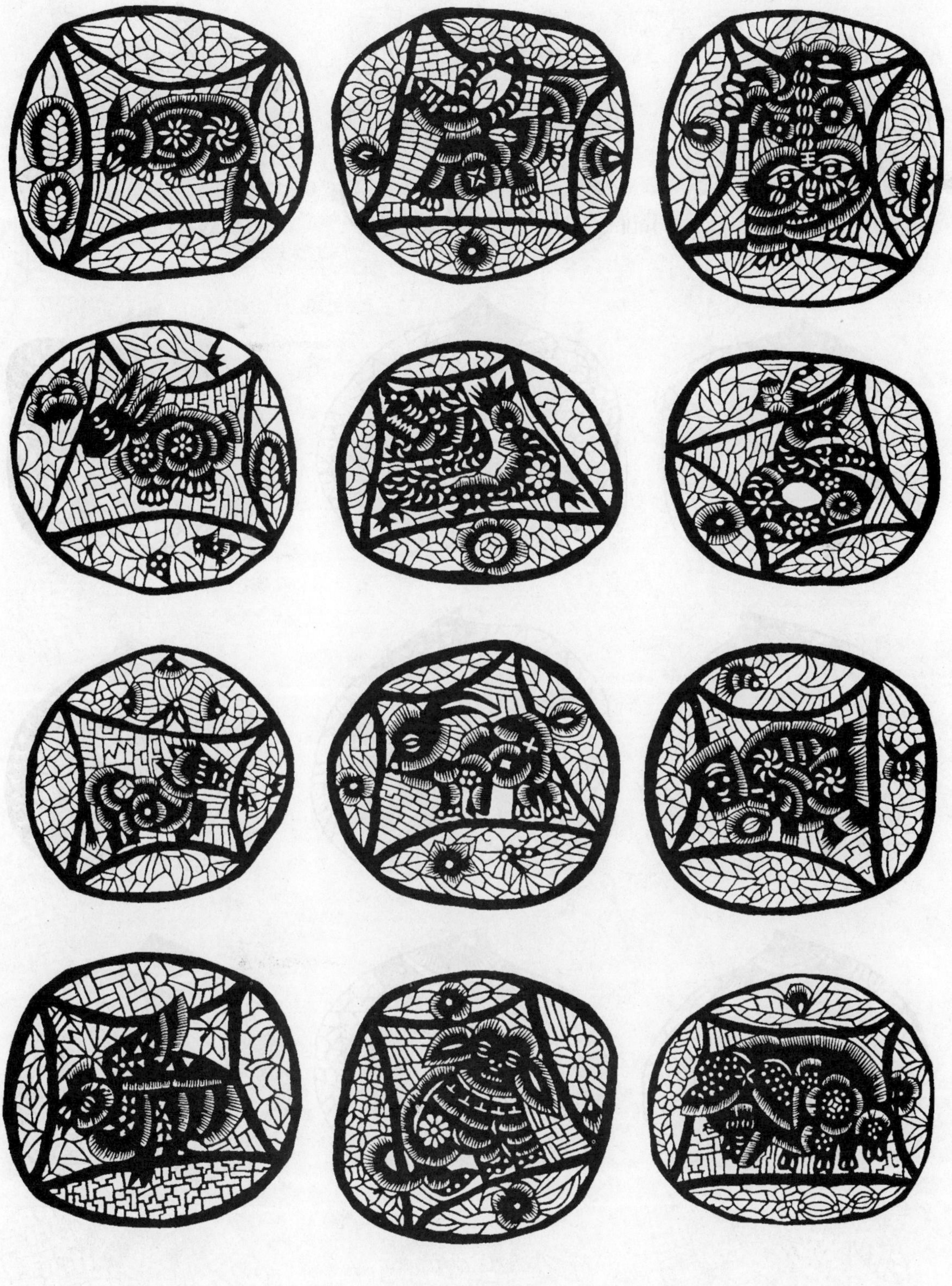

图 1120 生肖多财图 山东高密范祚信剪纸

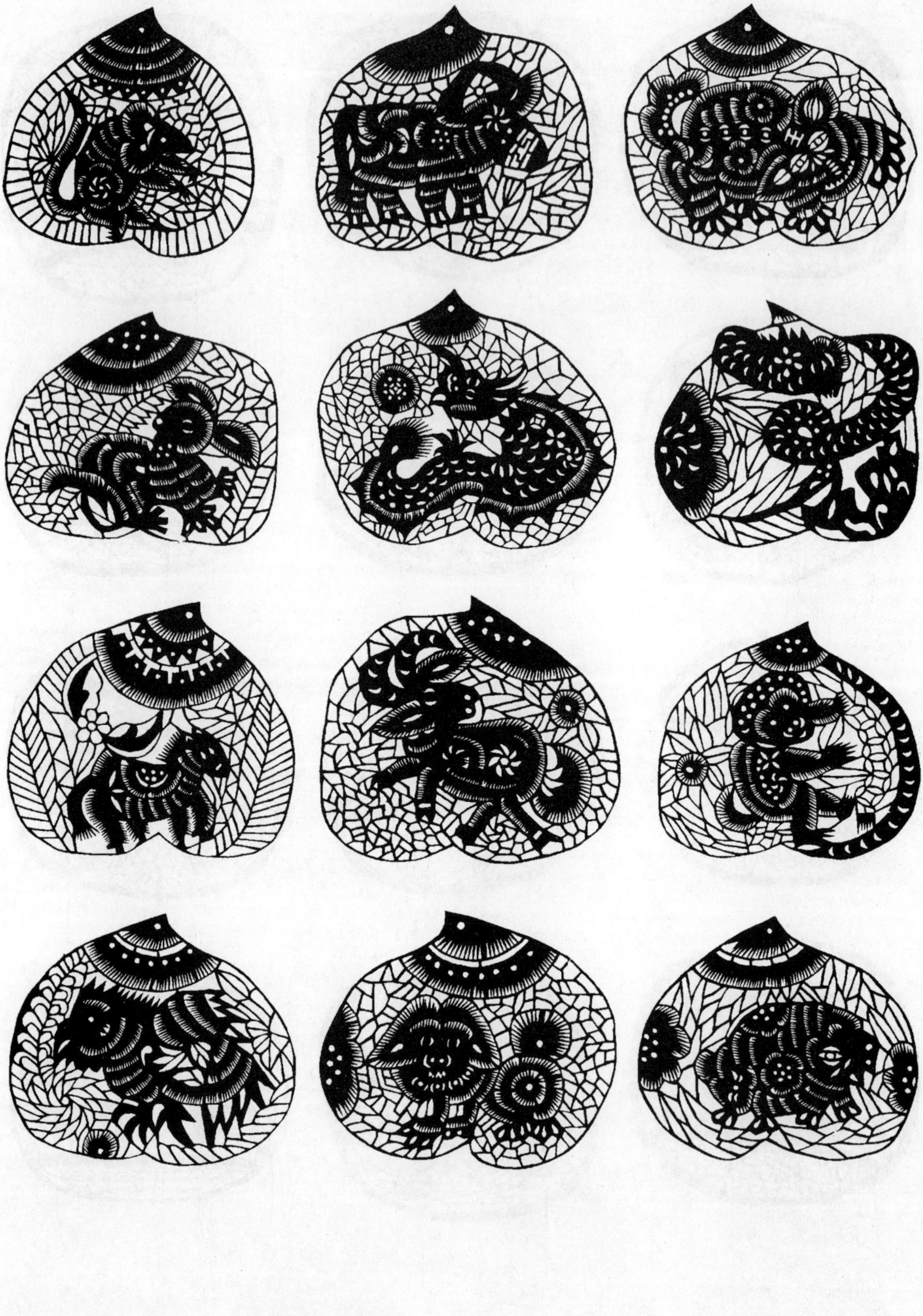

图 1121 生肖寿桃图 山东高密范祚信剪纸

图 1122 生肖人物图 山东高密范祚信剪纸

图 1123 十二生肖全图之一 郑军现代装饰图案

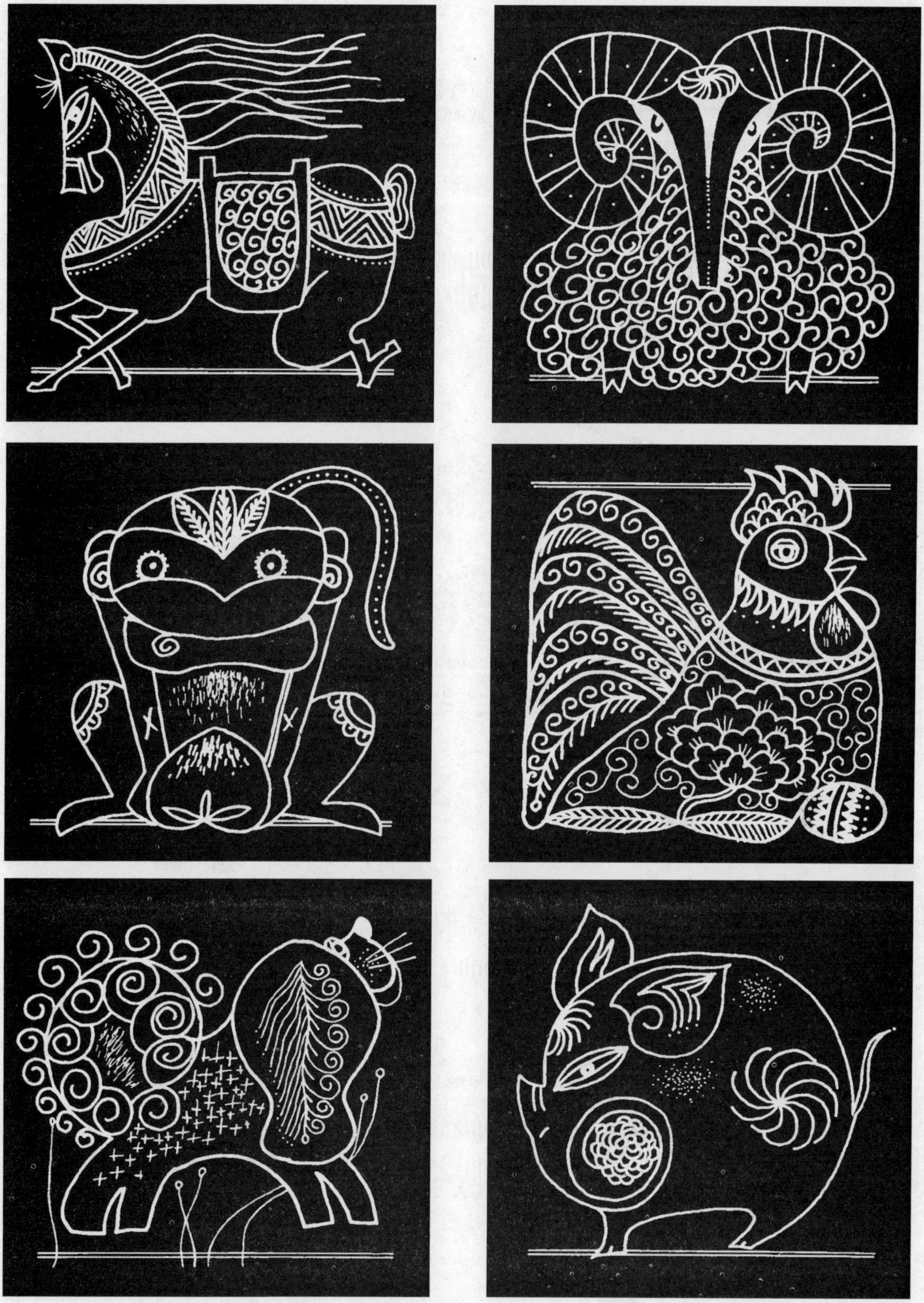

图 1124 十二生肖全图之二 郑军现代装饰图案

图 1125 十二生肖全图之一 郑军现代装饰图案

图 1126 十二生肖全图之二 郑军现代装饰图案

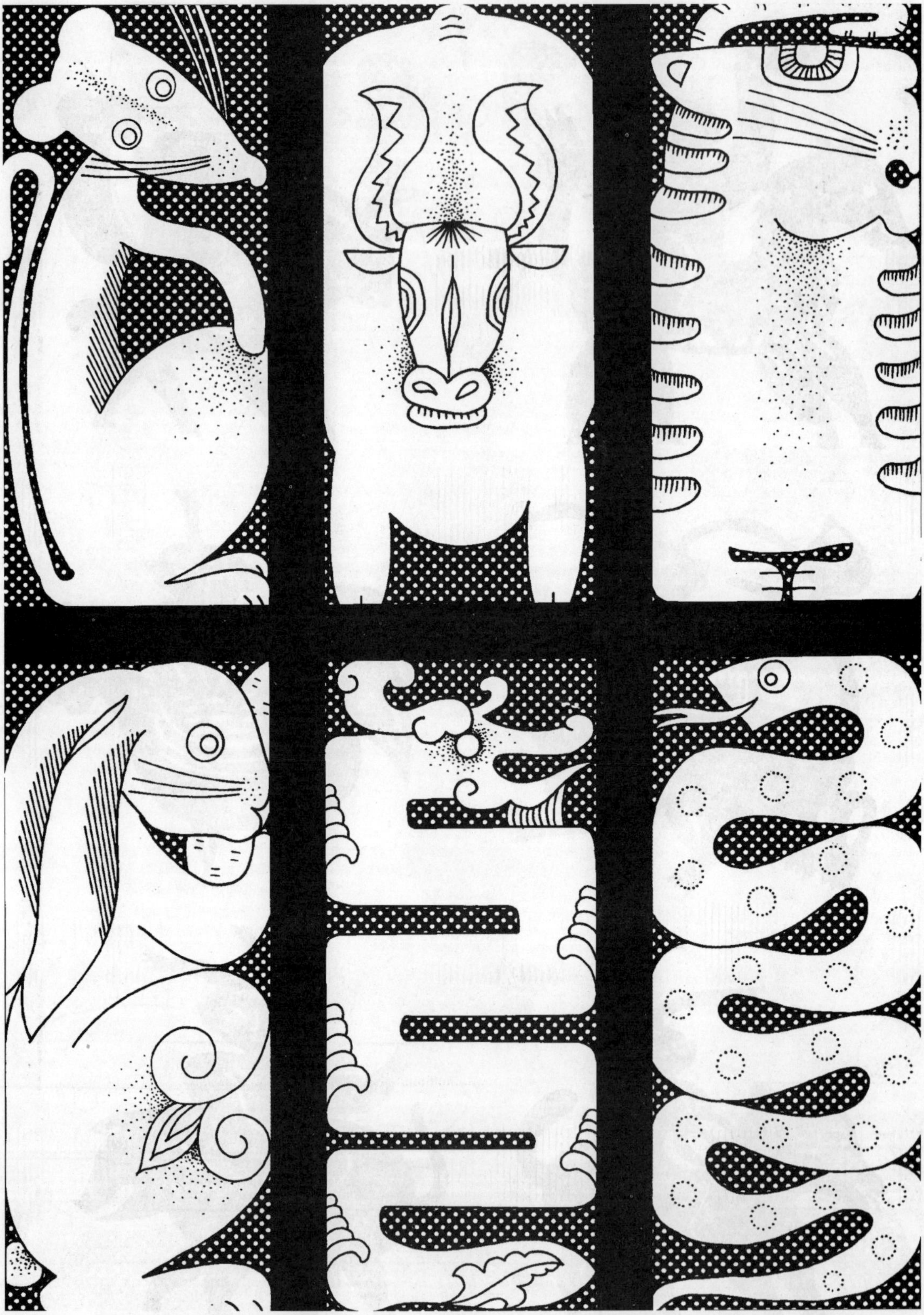

图 1127 十二生肖全图之一 郑军现代装饰图案

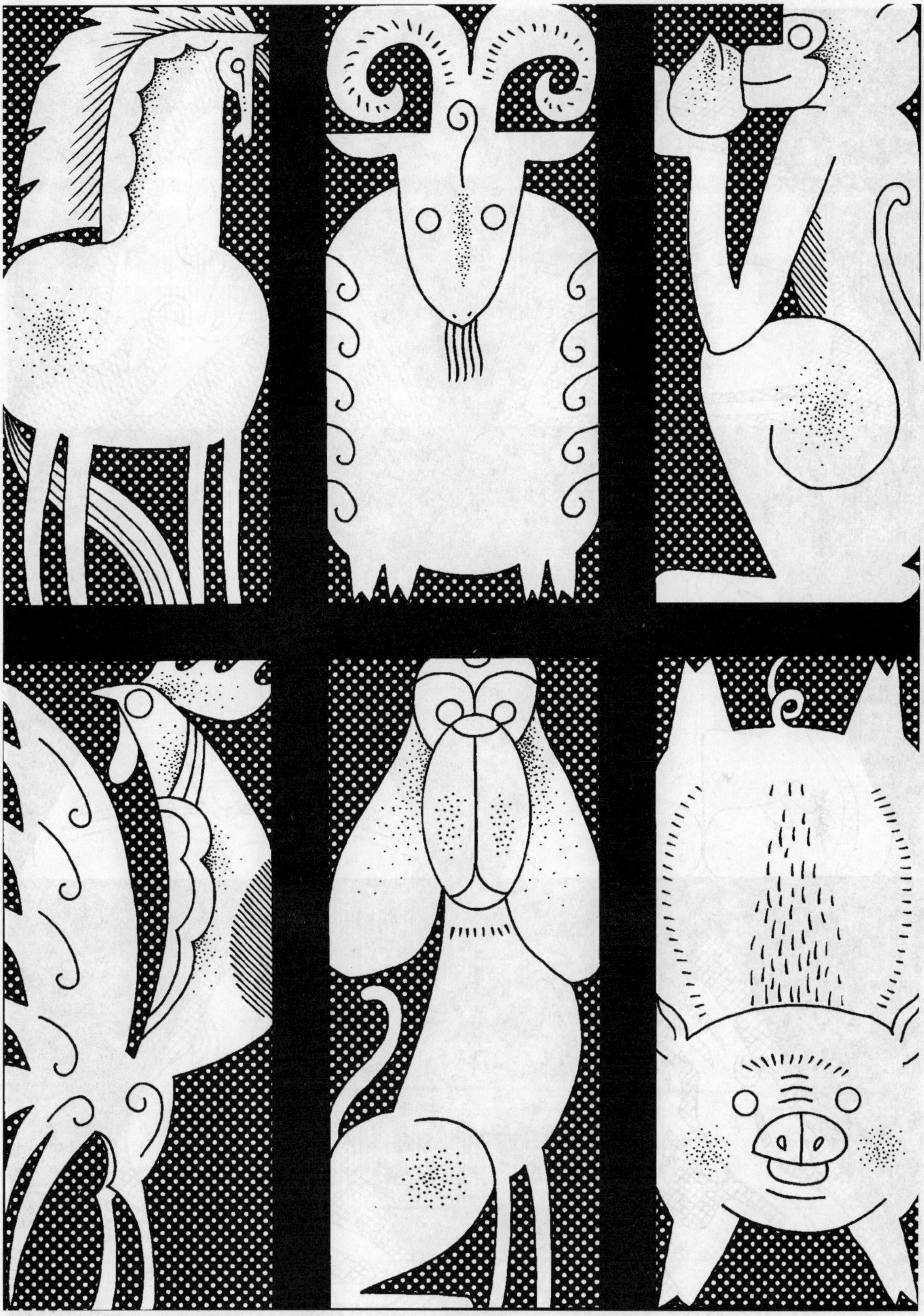

图 1128 十二生肖全图之二 郑军现代装饰图案

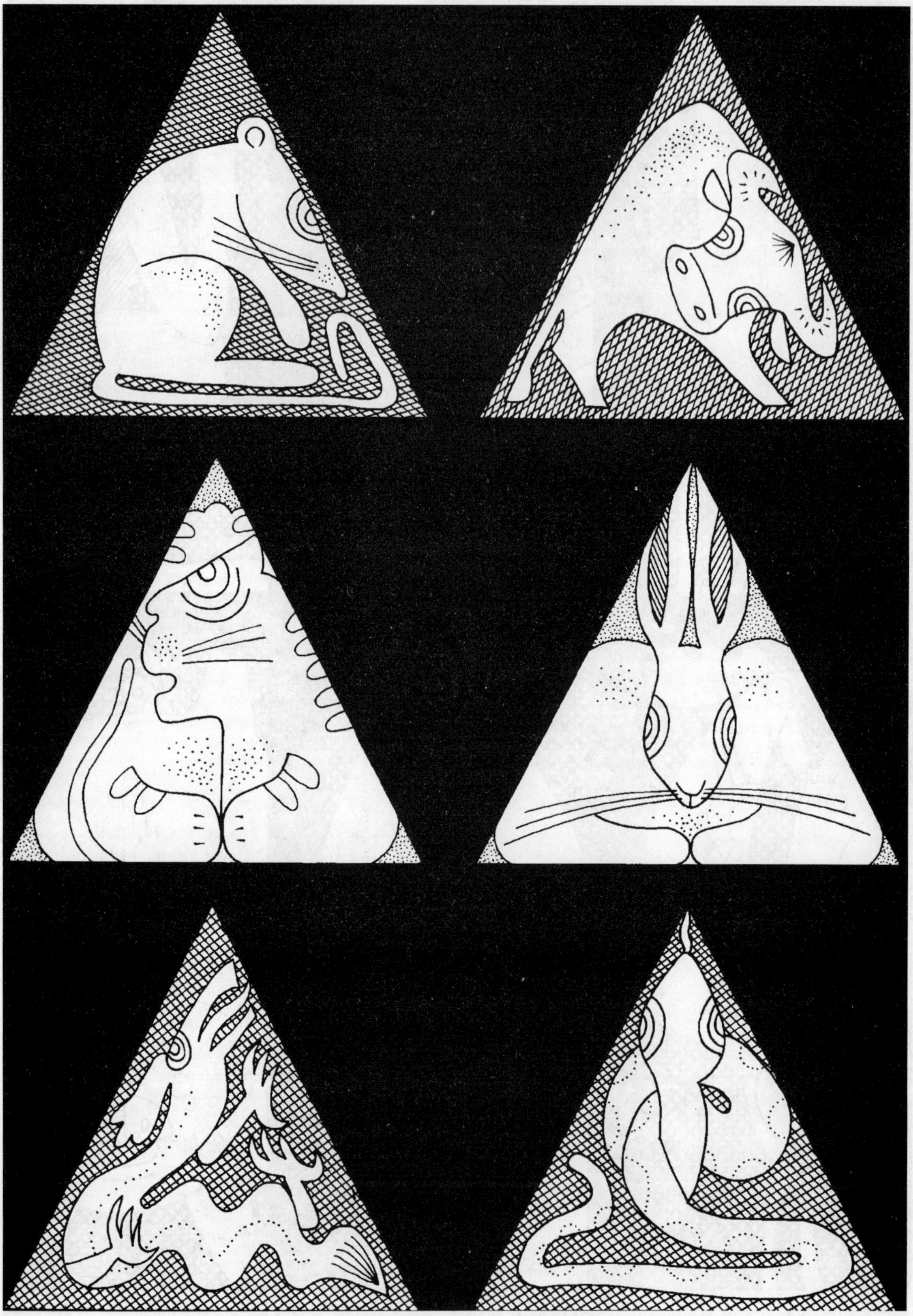

图 1129 十二生肖全图之一 郑军现代装饰图案

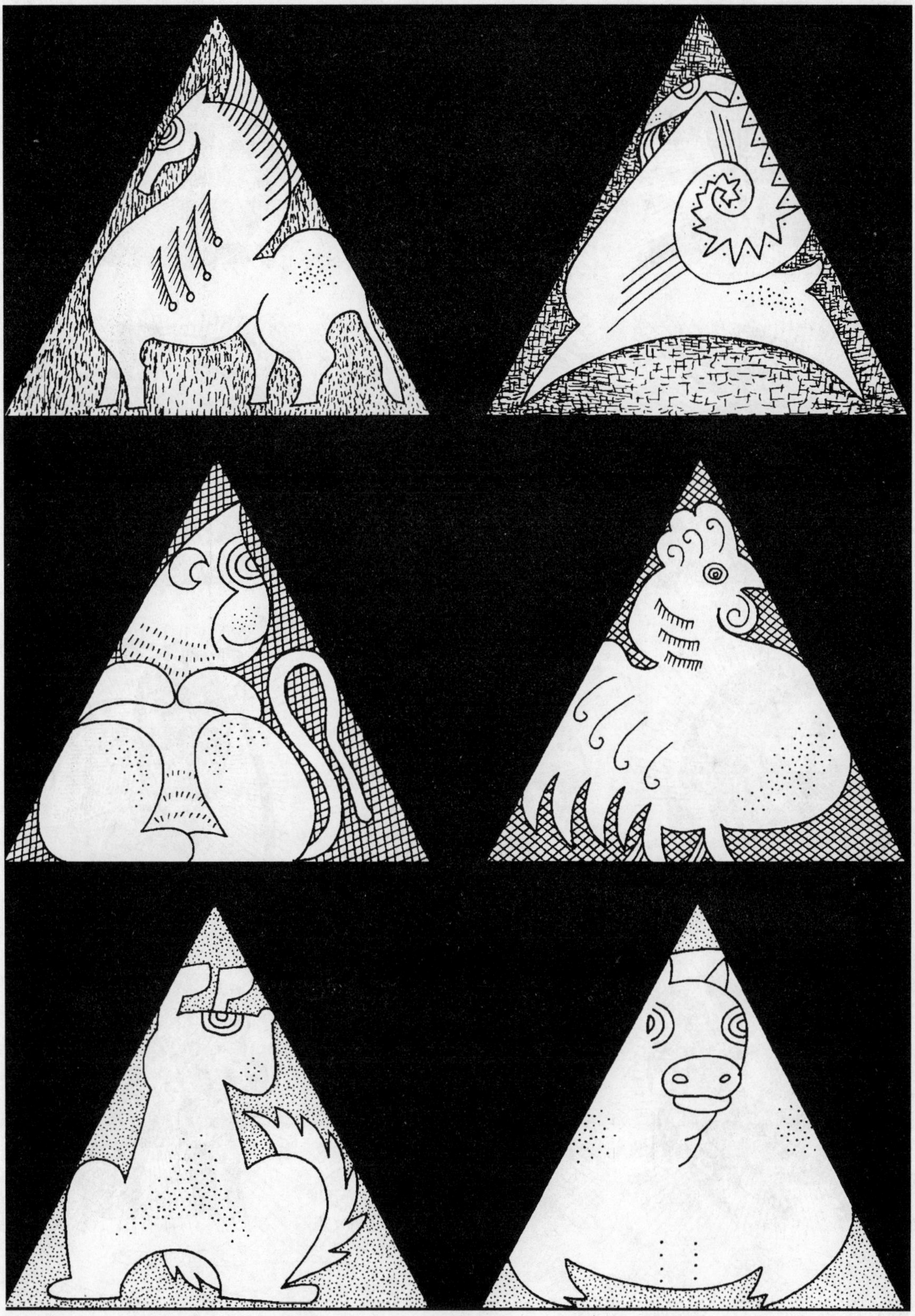

图 1130 十二生肖全图之二 郑军现代装饰图案

图 1131 十二生肖全图 郑军现代装饰图案

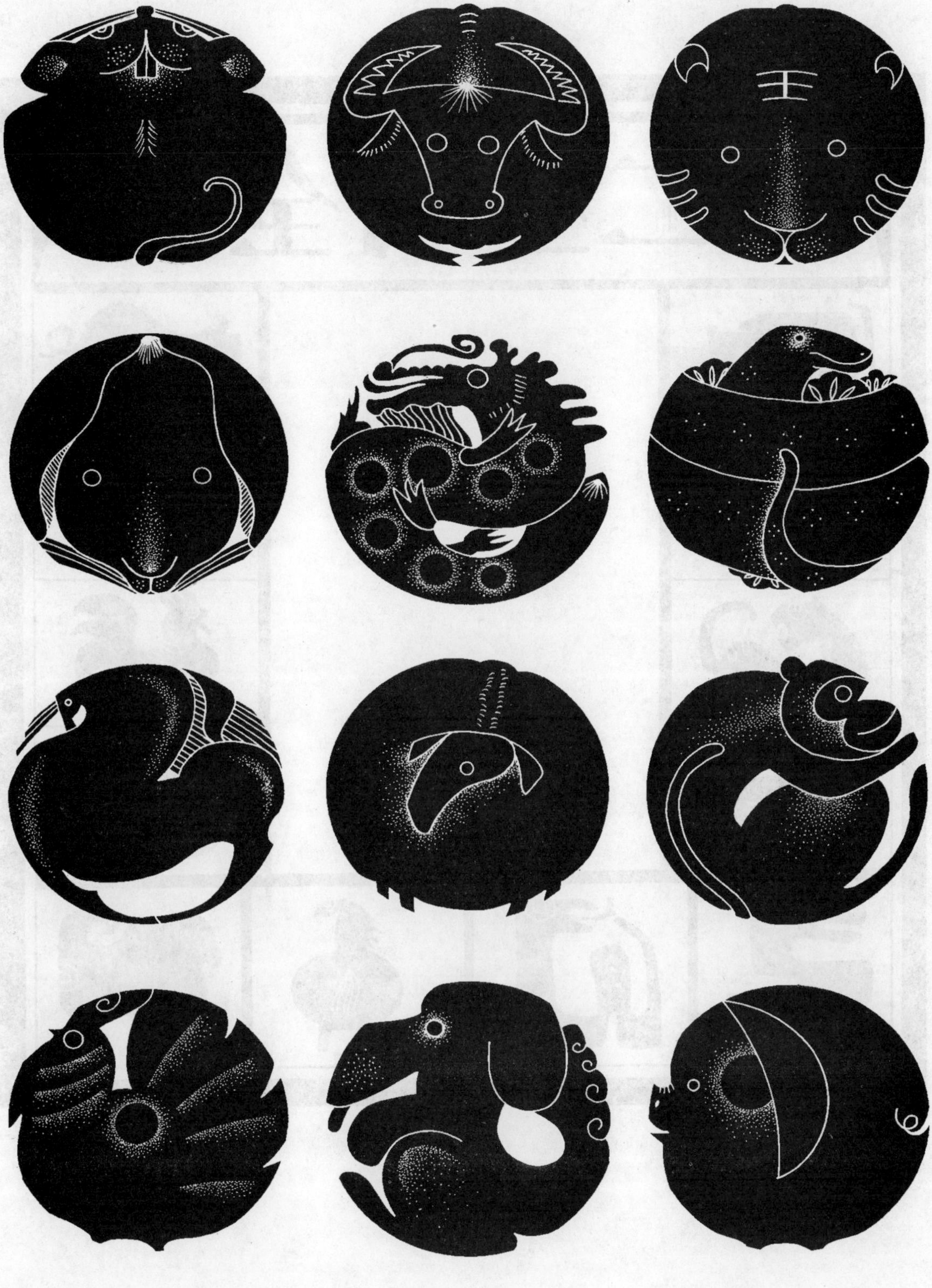

图 1132 十二生肖全图 郑军现代装饰图案

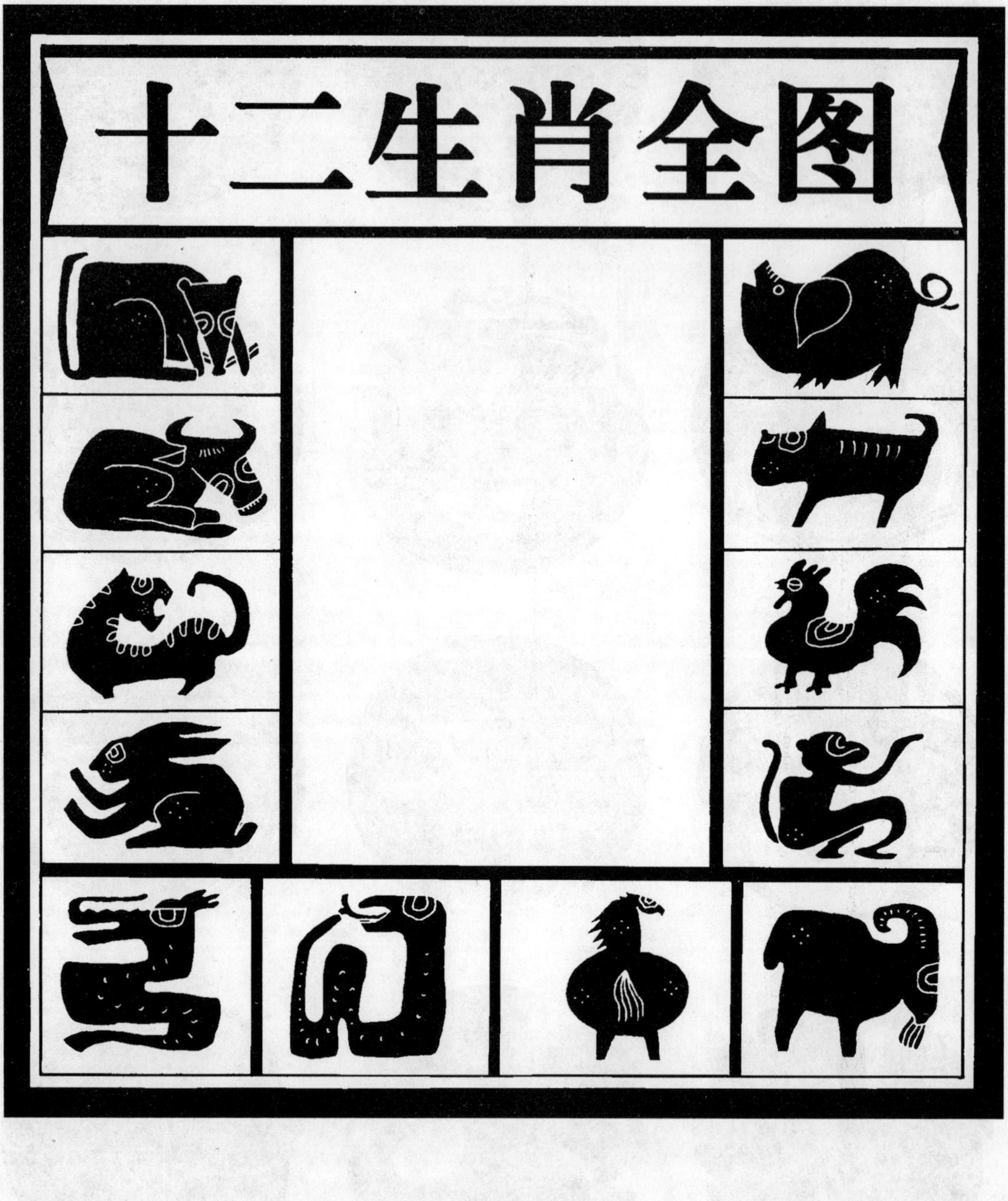

图 1133 十二生肖全图 现代装饰图案

参考文献

[1] 王明．抱朴子内篇校释（增订本）[M]．北京：中华书局，1985.

[2] （汉）应劭撰，王利器校注．风俗通义校注 [M]．北京：中华书局，1981.

[3] （晋）干宝撰，汪绍楹校注．搜神记 [M]．北京：中华书局，1979.

[4] （唐）段成式撰．酉阳杂俎 [M]．北京：中华书局，1981.

[5] （梁）宗懔撰，宋金龙校注．荆楚岁时记 [M]．太原：山西人民出版社，1987.

[6] （宋）李昉等编．太平御览 [M]．北京：中华书局，1960.

[7] （清）徐家干著．苗疆见闻录 [M]．清光绪年刻本．

[8] 凌纯声，芮逸夫著．湘西苗族调查报告 [M]，上海商务印书馆，1947.

[9] 丁山著．中国古代宗教神话考 [M]．龙门联合书店，1961.

[10] 尤中编著．中国西南的古代民族 [M]．昆明：云南人民出版社，1980.

[11] 刘尧汉著．彝族社会历史调查文集 [M]．北京：民族出版社，1980.

[12] 《思想战线》编辑部编．西南少数民族风俗志 [M]．北京：中国民间文艺出版社，1981.

[13] 马寅主编．中国少数民族 [M]．北京：人民出版社，1981.

[14] 乌丙安著．民俗学丛话 [M]．上海：上海文艺出版社，1983.

[15] 杨知勇等编选．云南少数民族婚俗志 [M]．昆明：云南民族出版社，1983.

[16] 袁珂编著．中国神话传说辞典 [M]．上海：上海辞书出版社，1985.

[17] 胡朴安著．中华全国风俗志 [M]．石家庄：河北人民出版社，1986.

[18] 范玉梅编著．中国的民间节日 [M]．北京：人民出版社，1986.

[19] 何星亮著．中国图腾文化 [M]．北京：中国社会科学出版社，1992.

[20] 刘城淮著．中国上古神话 [M]．上海：上海文艺出版社，1988.

[21] 张紫晨选编．民俗调查与研究 [M]．石家庄：河北人民出版社，1988.

[22] 叶大兵，乌丙安主编．中国风俗词典 [M]．上海：上海辞书出版社，1990.

[23] 杨知勇，秦家华，李子贤编．云南少数民族生葬志 [M]．昆明：云南民族出版社，1988.

[24] 全国民族院校文艺理论研究会编．民族风情与审美 [M]．北京：红旗出版社，1987.

[25] 刘锡诚，王文宝主编．中国象征辞典 [M]．天津：天津教育出版社，1991.

[26] 马昌仪著．古本山海经图说 [M]．桂林：广西师范大学出版社，2007.

[27] 吴裕成著．十二生肖与中华文化 [M]．天津：天津人民出版社，1992.

[28] 冀安编著．生肖文化 [M]．北京：中国经济出版社，1995.

[29] 吕胜中著． 再见传统 1[M]．北京：生活·读书·新知三联书店，2003.

[30] 苏连第，李慧娟著．中国造型艺术 [M]．天津：天津人民美术出版社，2001.

[31] 常峻著．生肖 [M]．上海：上海辞书出版社，2004.

[32] 马汉彦，徐巧英编．十二生肖大观 [M]．桂林：广西人民出版社，1989.

[33] 胡中山等编．生肖百咏 [M]．徐州：中国矿业大学出版社，1989.

[34] 张道一主编．中国图案大系 [M]．济南：山东美术出版社，1993.

[35] 濮安国，于会编著．中国十二生肖图集 [M]．北京：万里书店有限公司，北京：轻工业出版社，1987.

[36] 余榴梁，徐渊，顾锦芳，张振才编著． 中国花钱 [M]．上海：上海古籍出版社，1992.

[37] 范祚信剪纸，郑军编著．中国民间十二生肖剪纸 [M]．沈阳：辽宁美术出版社，1999.

[38] 郑军编著．中国历代生肖纹饰艺术 [M]．北京：人民美术出版社，2003.

[39] 韩书力编著．西藏风马旗 [M]．北京：人民美术出版社，1995.

[40] 陈履生，陆志宏编著． 甘肃宋元画像砖 [M]．北京：人民美术出版社，1996.

[41] 华非选辑．泥模艺术 [M]．天津：天津杨柳青画社，1987.

[42] 钟涛搜集整理．苗族民间剪纸 [M]．贵阳：贵州人民出版社，1987.

[43] 李贵龙，王建勤主编．绥德汉代画像石 [M]．西安：陕西人民美术出版社， 2001.

[44] 山西新绛县文化馆编．新绛剪纸 [M]．重庆：重庆出版社，1991.

[45] 高书林编著．淮北汉画像石 [M]．天津：天津人民美术出版社，2002.